COLLECTION
FOLIO ESSAIS

Charles Melman

Entretiens avec Jean-Pierre Lebrun

L'Homme sans gravité

Jouir à tout prix

Postface inédite de
Charles Melman

Denoël

Charles Melman, psychiatre et psychanalyste, éditorialiste de la revue *Passages*, fut l'un des principaux dirigeants de l'École freudienne de Paris. Il est le fondateur de l'Association lacanienne internationale. Auteur de très nombreux textes et ouvrages, il a notamment publié *Nouvelles études sur l'hystérie* (Denoël).

Jean-Pierre Lebrun, psychiatre et psychanalyste, ancien président de l'Association freudienne internationale, est l'auteur de plusieurs ouvrages, dont, récemment, *Un monde sans limites* (Érès).

[illegible]

[illegible]

J'ai voulu exposer au grand jour les périls que l'égalité fait courir à l'indépendance humaine, parce que je crois fermement que ces périls sont les plus formidables aussi bien que les moins prévus de tous ceux que renferme l'avenir. Mais je ne les crois pas insurmontables.

Alexis de Tocqueville,
De la démocratie en Amérique.

Avant-propos

Un jeune homme d'une vingtaine d'années, vivant depuis peu en couple et devenu récemment père, se plaignait auprès de moi : « Dans ma jeunesse, j'ai eu des tas de filles; je les baisais dans les voitures, dans les garages, n'importe où... alors, aujourd'hui " une " femme et dans un lit... c'est fade! » Ce propos pourrait sembler n'être guère nouveau dans la clinique quotidienne. Mais ce qui était inédit, pourtant, c'est que le renoncement, le « deuil » qui s'imposait ainsi à ce patient lui apparaissait comme incongru, comme n'allant pas de soi. Ce qui lui arrivait lui était insupportable et suscitait d'abord sa protestation. D'où vient, se disait-il en somme, qu'il faille renoncer à la jouissance permanente? D'où vient qu'il faille payer le prix d'un choix? Pourquoi faut-il qu'on soit frappé par une telle injustice?

Hier, même les proverbes et autres maximes rappelaient au sujet que tout n'était pas possible – « On ne peut pas tout avoir! » –, qu'il faut assumer les conséquences de ses actes – « Qui sème le vent récolte la tempête! » –, qu'il faut tenir compte de ce que l'on fait – « Rien ne sert de courir, il faut partir à point! » Aujourd'hui l'adage le plus communément évoqué, et pour cause, c'est : « Vouloir le beurre et l'argent du beurre! »

Là où, hier, pour la plupart des patients qui s'adressaient au psychanalyste, il s'agissait de trouver une autre issue que la névrose à la conflictualité inhérente au désir, aujourd'hui, ceux qui trouvent la voie de son cabinet viennent bien souvent lui parler de leurs engluements dans une jouissance en excès. Que s'est-il donc passé – que se passe-t-il donc – pour qu'ainsi, régulièrement, la jouissance l'ait emporté – l'emporte – sur le désir ?

Nul ne contestera que nous sommes aujourd'hui face à *une crise des repères*. Quelle que soit la pertinence de cette expression, la tâche de penser le monde dans lequel nous vivons s'impose donc plus que jamais. Les transformations de nos sociétés, suite à la conjonction du développement des technosciences, de l'évolution de la démocratie et de l'essor du libéralisme économique, nous contraignent à réinterroger la majorité de nos certitudes d'hier. Du moins, si nous ne voulons pas nous satisfaire de simplement prendre acte des modifications considérables de nos comportements qu'elles provoquent.

Nous constatons les difficultés des sujets d'aujourd'hui à disposer de balises, tant pour éclairer la prise de décisions que pour analyser les situations auxquelles ils sont confrontés. Est-ce étonnant dans un monde caractérisé par la violence, aussi bien à l'école que dans la Cité, une nouvelle attitude devant la mort (euthanasie, affaiblissement des rites...), la demande du transsexuel, les aléas des droits de l'enfant, les contraintes voire les diktats de l'économique, les addictions de tous ordres, l'émergence de symptômes inédits (anorexie masculine, enfants hyperactifs...), la tyrannie du consensus, la croyance aux solutions autoritaires, la transparence à tout prix, le poids du médiatique, l'inflation de l'image, l'adresse permanente au droit et à la justice comme « bonnes à tout faire » de la vie en société, les revendications des victimes de tout genre, l'aliénation dans le virtuel (jeux vidéo, Internet...), l'exigence du risque zéro, etc.

On pourrait penser que, confronté à toutes ces questions, il suffira de produire des connaissances nouvelles pour nous guider et nous permettre de naviguer à l'aise en ce nouveau monde. Mais nous devrons rapidement déchanter : le savoir le plus exhaustif n'évite pas d'avoir à se faire son opinion propre pour pouvoir décider quoi faire face à des évolutions majeures. Il faut même dire plus : c'est précisément là où le savoir vient à faire défaut qu'on ne peut échapper à la nécessité du jugement. De ce fait, en comptant sur davantage de connaissances, nous ne ferions que remettre à demain la confrontation à ce défaut inéluctable dans le savoir, et notre engagement subjectif n'en deviendrait que plus difficile.

La psychanalyse peut-elle à cet égard être d'un quelconque secours? Nous savons que Freud ne voyait aucune antinomie entre la psychologie individuelle et la psychologie sociale. Rappelons les premières lignes de *Psychologie des foules et analyse du moi* : « L'opposition entre la psychologie individuelle et la psychologie sociale, ou psychologie des foules, qui peut bien à première vue nous paraître très importante, perd beaucoup de son acuité si on l'examine à fond. Certes, la psychologie individuelle a pour objet l'homme isolé et elle cherche à savoir par quelles voies celui-ci tente d'obtenir la satisfaction de ses motions pulsionnelles, mais, ce faisant, elle n'est que rarement – dans certaines conditions exceptionnelles – en mesure de faire abstraction des relations de cet individu avec les autres. Dans la vie psychique de l'individu pris isolément, l'autre intervient très régulièrement en tant que modèle, soutien et adversaire, et de ce fait la psychologie individuelle est aussi, d'emblée et simultanément, une psychologie sociale, en ce sens élargi mais parfaitement justifié [1]. »

1. S. Freud, « Psychologie des foules et analyse du moi », in *Essais de psychanalyse*, Payot, 1981, p. 123.

Ainsi, face aux grands phénomènes de société, Freud n'a jamais manqué d'apporter sa contribution et ses éclairages. Il a même écrit plusieurs ouvrages [1] sur ces questions, parmi lesquels son célèbre *Malaise dans la civilisation*. Mais plus d'une centaine d'années nous sépare aujourd'hui du moment d'émergence de la psychanalyse, et notre début de siècle n'est nullement comparable à ce que fut la Vienne de 1900. Il n'y a donc pas à nous étonner d'être contraints à reprendre le travail. Surtout dans une période de changement comme celle que nous vivons. Nous nous y sommes, pour notre part, déjà attelés depuis quelques années, notamment dans nos ouvrages *Un monde sans limite* [2] et *Les Désarrois nouveaux du sujet* [3].

Or, en mars 2001, à l'occasion de rencontres psychiatriques autour du thème « L'homme à l'épreuve de la société contemporaine [4] », nous avons eu l'occasion d'entendre Charles Melman apporter sa contribution au débat sur le « malaise dans la civilisation » actuel en

1. Une récente monographie de la *Revue française de psychanalyse* est consacrée aux textes de Freud sur le social et se présente en ces termes : « A considérer l'ensemble de l'œuvre freudienne, il apparaît que les textes parfois désignés comme sociaux en occupent un bon tiers, voire la moitié selon la lecture et l'interprétation qui s'en fait. Voilà qui mérite pour le moins d'y réfléchir un peu plus qu'il n'est généralement d'usage ; voilà qui pourrait peut-être conduire à s'interroger plus avant sur la psychanalyse elle-même, sur sa pratique, sur son être et sur son essence. » *Freud, le sujet social*, monographie de la *Revue française de psychanalyse*, PUF, 2002.

2. J.-P. Lebrun, *Un monde sans limite*, Érès, 1997.

3. J.-P. Lebrun, *Les Désarrois nouveaux du sujet, Prolongements théorico-cliniques au Monde sans limite*, Érès, 2001. Plusieurs auteurs ont apporté des contributions à cet ouvrage, en grande partie collectif.

4. Il s'agissait des 4e Rencontres de la psychiatrie, qui se sont déroulées à Paris en mars 2001, et qui étaient organisées par Jean-Claude Penochet autour du thème « L'homme à l'épreuve de la société contemporaine ».

annonçant l'émergence de ce qu'il nommait déjà « *la nouvelle économie psychique* ». La nouveauté, la force et la pertinence de son analyse nous sont apparues d'emblée. Il ne s'agissait plus d'évoquer de simples modifications du social et leurs incidences sur la subjectivité d'un chacun, mais d'examiner une mutation inédite en train de produire ses effets. Des effets qui pourraient être majeurs et concerner autant l'individu que la vie collective. Il nous proposait là, nous semblait-il, des éléments essentiels pour appréhender et analyser cette *crise des repères* à laquelle nous avons affaire.

Sa lecture radicale de la situation actuelle nous amenait à devoir penser un changement de grande ampleur aux *conséquences anthropologiques incalculables* [1], qui installe la congruence entre une économie libérale débridée et une subjectivité qui se croit libérée de toute dette envers les générations précédentes – autrement dit « produisant » un sujet qui croit pouvoir faire table rase de son passé.

Tout cela nous a paru justifier une proposition adressée à Charles Melman d'en dire davantage au cours d'une série d'entretiens sur cette « nouvelle économie psychique » qu'il disait repérer. Son accueil fut ouvert et immédiat. Et le travail fut entamé.

Les propos que vous allez lire ici sont le fruit de nos échanges, qui se sont déroulés entre juillet 2001 et juillet 2002 [2]. La formule de l'entretien a certes ses limites. Elle nous a paru particulièrement adaptée pour appréhender une pensée en élaboration, contrainte à se frayer un che-

1. Pour reprendre la formulation de Marcel Gauchet dans *La Religion dans la démocratie* : « C'est à une véritable intériorisation du modèle du marché que nous sommes en train d'assister – un événement aux conséquences anthropologiques incalculables, que l'on commence à peine à entrevoir », Paris, Gallimard, 1998, p. 87.

2. Ce que le lecteur trouvera dans ce qui suit sous forme de six chapitres est la reproduction – bien entendu retravaillée et enrichie – de ces échanges.

min dans des voies peu explorées, obligée de rendre compte de faits dont la compréhension est loin d'être assurée. Elle permettait aussi de s'adresser autant que possible à un lecteur non spécialiste en nous incitant à abandonner notre jargon de psychanalyste. Pour tenter de faire entendre à l'honnête homme ce que ce nouveau siècle lui propose, et comment la psychanalyse peut lui fournir des repères différents, voire inconnus, pour l'aider à s'y retrouver.

Sans doute, d'aucuns seront étonnés, d'autres irrités, d'autres encore stupéfaits de certains propos sur le malaise actuel qu'il convient de qualifier de prospectifs. Mais nous espérons que chacun trouvera ici de quoi alimenter sa réflexion sans céder sur ce que la tâche de penser implique. Et en s'interrogeant sur ce que sont les invariants de la condition humaine qu'il convient toujours de transmettre.

Ces entretiens ouvrent en effet au débat crucial de savoir, s'agissant de la condition humaine, ce qui est susceptible d'évolution radicale et ce qui reste inébranlable. Il n'y a pas que le psychanalyste qui, à ce propos, ait des choses à dire, bien évidemment. L'anthropologue, le juriste, le philosophe, le sociologue et encore bien d'autres représentants de disciplines diverses sont également conviés à la tâche. Mais ce que le psychanalyste entend actuellement pendant les séances en écoutant les patients derrière le divan ne peut que l'amener à ne pas s'arrêter à l'enceinte de son cabinet. Tant les propos qui sont aujourd'hui énoncés l'autorisent à entendre leur résonance avec les bruits de la Cité.

Nous avons donc poursuivi par ces entretiens ce que nous avions déjà entrepris : tenter de relever le « défi » qu'adresse au psychanalyste notre société de plus en plus privée de ses repères traditionnels, et par là même contrainte à la recherche de ceux qui s'y substitueront. Nous serions prodigieusement récompensés si ces échanges contribuaient à mettre d'autres bonnes volontés au travail pour s'interroger sur la subjectivité et sur le devenir psychique de l'homme contemporain.

Car si les conjectures qui sont débattues dans les pages qui suivent se révèlent fondées, si l'*homo faber* cède effectivement la place à « l'homme fabriqué », si c'est, donc, à des « hommes nouveaux » – à ces « hommes sans gravité », presque des mutants – que nous allons désormais avoir affaire, devons-nous préciser que les enjeux seraient immenses et que nous ne ferions ici qu'à peine les entrevoir.

Il ne resterait plus alors, en guise de viatique, qu'à nous rappeler la célèbre formule d'Hölderlin : « Mais où croît le danger, là croît aussi ce qui sauve. »

JEAN-PIERRE LEBRUN

I

J.-P. LEBRUN : Vous êtes récemment intervenu devant une assemblée de psychiatres et psychanalystes en avançant cet argument : « Nous passons d'une culture fondée sur le refoulement des désirs, et donc la névrose, à une autre qui recommande leur libre expression et promeut la perversion. La " santé mentale " relève ainsi aujourd'hui d'une harmonie non plus avec l'Idéal mais avec un objet de satisfaction. La tâche psychique s'en trouve grandement soulagée, et la responsabilité du sujet effacée par une régulation purement organique. » Et vous avez choisi comme titre à vos propos : « Introduction à *la* nouvelle économie psychique. » Pourquoi d'emblée l'article défini ? Pourquoi ne pas vous contenter d'évoquer, à la suite de la mutation culturelle que vous identifiez, « une » nouvelle économie psychique ?

CH. MELMAN : Parce qu'il existe désormais un remarquable consensus au niveau des comportements, des conduites, des choix en faveur de l'adoption spontanée d'une morale nouvelle. Autant de manifestations qui laissent peu de doute sur la nouveauté de cette économie psychique que nous sommes en train d'inaugurer. Il y a une nouvelle façon de penser, de juger, de manger, de baiser, de se marier ou non, de vivre la famille, la patrie, les idéaux, de se vivre soi-même. L'émergence d'une nouvelle économie psychique est évidente, et dire *la* me semble fondé puisque nous disposons de repères suffisants, sans avoir besoin de faire appel à des concepts nouveaux, pour décrire ce qui se met en place.

J.-P. LEBRUN : Voulez-vous dire que cette économie psychique n'existait pas auparavant? Ou bien pensez-vous qu'elle existait de façon peut-être marginale, mais qu'elle occupe désormais le devant de la scène?

CH. MELMAN : Je crois qu'elle n'existait pas auparavant. Elle pouvait sembler exister sous la forme de révoltes, de marginalité, de phénomènes de frange, comme dans ce mouvement très intéressant que fut le situationnisme [1] par exemple. Mais il s'agissait là surtout d'attitudes d'opposition : on se situait par rapport à ce qui constituait des repères fermes, établis et apparemment inébranlables. Ce n'est plus le cas. Aujourd'hui, on voyage, on s'autorise de sa propre existence, on constitue sa propre aire. Ce n'est plus un mouvement par opposition, c'est un mouvement qui est sur sa lancée propre.

J.-P. LEBRUN : En quoi consiste donc cette nouvelle économie psychique?

CH. MELMAN : Nous avons affaire à une mutation qui nous fait passer d'une économie organisée par le refoule-

1. Mouvement contestataire fondé en 1957 par Guy Debord et Asger Jorn, qui entreprit d'abord une critique de l'art et un appel à son dépassement. Dans son ouvrage *La Société du spectacle*, paru en 1967, Guy Debord montre comment les médiations de la marchandise et de l'image ont envahi le champ de l'expérience humaine, faisant du « spectacle » le nouveau lien social planétaire. Ce mouvement se sabordera en 1972 après avoir lancé quelques mots d'ordre prémonitoires comme le fameux : « Jouissez sans entrave! »

ment à une économie organisée par l'exhibition de la jouissance. Il n'est plus possible aujourd'hui d'ouvrir un magazine, d'admirer des personnages ou des héros de notre société sans qu'ils soient marqués par l'état spécifique d'une exhibition de la jouissance. Cela implique des devoirs radicalement nouveaux, des impossibilités, des difficultés et des souffrances différentes.

Un progrès considérable

J.-P. LEBRUN : Pourquoi l'existence d'une telle économie est-elle devenue tout à coup possible ? À quoi attribuez-vous cette mutation ?

CH. MELMAN : À un progrès considérable, mais en même temps, comme souvent, porteur sans doute de lourdes menaces. Le progrès considérable, c'est d'avoir effectivement pris la mesure du fait que le ciel est vide, aussi bien de Dieu que d'idéologies, de promesses, de références, de prescriptions, et que les individus ont à se déterminer eux-mêmes, singulièrement et collectivement. Les deux derniers siècles ont été ceux des grandes inventions et du repérage des limites : en mathématiques, Hilbert, en logique, Gödel, en politique, Marx, en psychologie, Freud et son complexe d'Œdipe. Le siècle qui s'annonce sera celui de leur levée : plus d'impossible. Comme d'habitude, les moralistes furent les initiateurs, nommons-les : Foucault, Althusser, Barthes, Deleuze, qui proclamèrent le droit non plus au bonheur mais à la jouissance * [1]. Et la science les suivit sur le terrain – la biologie – où on l'attendait le moins. L'intervention décisive fut sans aucun doute la maîtrise de la

1. Lorsqu'un terme – ici : « jouissance » – est suivi d'un astérisque, il est défini dans le glossaire explicatif en fin de volume (cf. p. 247).

fécondité puis de la reproduction de la vie. Dérobé à Dieu, le pouvoir de création permet désormais de mettre au jour des organismes nouveaux. D'une certaine façon, nous assistons à la fin d'une époque, à une liquidation – en termes analytiques on dirait une *liquidation collective du transfert* * –, ce qui est la source d'une liberté assez remarquable.

J.-P. LEBRUN : Une liquidation collective du transfert? C'est une jolie formule! Vous voulez dire de tout transfert, de la notion même de transfert *, autrement dit de ce lien affectif particulier repéré par Freud?

CH. MELMAN : Oui, du transfert en tant qu'il est susceptible de porter aussi bien sur des personnes que sur des blocs de savoir. Il n'y a plus ni autorité, ni référence, ni non plus de savoir qui tienne – justement grâce au transfert. On n'est plus que dans la gestion, il n'y a plus que des pratiques.

J.-P. LEBRUN : Pour illustrer cette nouvelle économie psychique, vous évoquez volontiers une exposition sur l'art anatomique qui, après avoir été présentée dans différentes villes d'Europe et d'ailleurs, s'est tenue récemment à Bruxelles [1]. Pourquoi a-t-elle cette valeur emblématique?

1. L'exposition s'est tenue à Bruxelles, sous le titre : « Körperwelten, la fascination de l'authentique », dans un lieu qu'on pourrait croire prédestiné : les Abattoirs! Le catalogue de l'exposition de Bruxelles indiquait que, depuis sa première présentation en Allemagne en 1997-98, elle avait accueilli plus de 7,5 millions de visiteurs. Dans un premier temps, elle n'a pas eu à Bruxelles le succès escompté, un curieux phénomène s'étant même produit puisque les visiteurs flamands y ont été beaucoup plus nombreux que les francophones, apparemment réticents à partager ce que le quotidien *La Libre Belgique* appelait le « corps-business ». *Cf. Le Monde* du 11-12 novembre 2001. L'exposition a néanmoins fini par être un franc succès.

CH. MELMAN : C'est en effet une exposition intéressante [1], qui est l'œuvre d'un de nos collègues anatomistes de la faculté de médecine de Heidelberg, le Dr Gunther von Hagens. Il a mis au point une technique tout à fait remarquable : en faisant passer tissus ou cadavres encore frais dans un bain d'acétone, il expulse l'eau des cellules et lui substitue des résines époxy, de telle sorte que le cadavre se trouve mis à l'abri de la putréfaction, comme plastifié dans ses formes originelles. Il devient possible de lui imposer des postures proches de celles de la vie. On peut ainsi admirer le coureur, le penseur, le gymnaste, le lanceur, les joueurs d'échecs, tous saisissants d'authenticité.

Ces cadavres promis à l'éternité sont en général, mais pas toujours, écorchés. Ils présentent leur musculature, dénudée, superbe. Souvent une trépanation permet de découvrir une partie du cerveau. La joue, partiellement disséquée, dévoile les insertions musculaires. Le sexe, flasque mais en pleine forme, est exhibé. C'est l'ensemble de cette statuaire qui constitue l'exposition. Il y a aussi un très beau corps de femme, non écorché celui-là, avec une poitrine absolument superbe. De son ventre ouvert sort négligemment un petit bout d'utérus fécondé. Une lumière douce éclaire cette exposition, propice à la contemplation. Elle est filtrée par des panneaux dont les deux lames enserrent de fines sections du corps humain tronçonné et coloré, ce qui leur donne l'aspect original de vitraux.

Cette exposition a été présentée pour la première fois en 1997 dans une ville de province allemande, à Mannheim. Il a fallu laisser les portes ouvertes 24 heures sur 24 pour satisfaire la foule qui s'impatientait. Elle est depuis passée par Tokyo, avec deux millions et demi de visiteurs, et

1. Nous renvoyons à l'article de Charles Melman : « Enfin une jouissance nouvelle : la nécroscopie », paru in *Art Press*, numéro spécial consacré à « Représenter l'horreur », mai 2001. Il est reproduit à la fin de l'ouvrage.

Vienne, où elle a connu un énorme succès. Il y a tout lieu de penser qu'un jour prochain nous l'admirerons à Paris. Ses justifications sont très longuement développées dans un catalogue de près de deux kilos. Il rassemble les signatures d'honorables professeurs allemands, qui insistent évidemment sur la nécessité de diffuser le savoir anatomique, mais aussi sur le plaisir esthétique que l'on peut prendre à regarder cette exposition.

Le franchissement des limites

J.-P. LEBRUN : Pourquoi en faire une illustration paradigmatique de la nouvelle économie psychique?

CH. MELMAN : Je me sers de cette histoire pour rendre sensible le fait que nous sommes en train de franchir des limites. En voilà une de taille qu'on franchit là, en tout cas, puisque l'une des caractéristiques de l'espèce humaine est le sort particulier qu'elle réserve à la sépulture, le respect qui ordinairement l'entoure.

Cette exposition et son succès populaire font donc valoir combien, à notre insu peut-être, une nouvelle limite est franchie. La question est de savoir ce que nous pouvons en dire, comment nous pouvons le conceptualiser. Est ici effacée la permanence d'un lieu qui est en général un lieu de mémoire, un lieu sacré bien sûr, où le corps humain devenu cadavre est mis à l'abri, dissimulé à la vue. Ce qui aujourd'hui constitue notre exigence de transparence, notre goût pour la lumière, est là, de la sorte, capable d'opérer tranquillement. Ou à peu près tranquillement.

J.-P. LEBRUN : On aurait envie d'objecter qu'il y a déjà des lieux où l'on expose les morts au regard, je pense par exemple au fameux cimetière capucin de Palerme. Alors, où est la nouveauté?

CH. MELMAN : C'est très différent. On ne peut pas comparer le sentiment qu'inspire une visite empreinte de piété et de respect, à la satisfaction à la fois esthétique et angoissée que procure cette exposition. C'est d'ailleurs une formidable affaire commerciale : au lieu de présenter un *french cancan*, on présente des cadavres qui lèvent la jambe... Il s'agit vraiment de nécrophilie, d'une espèce de nécroscopie. Le procédé technique mis au point par notre « artiste » autorise en toute impunité et pour les meilleurs motifs, dans la convivialité, une jouissance « scopique » de la mort. Et donc le franchissement de ce qui était hier aussi bien interdit qu'impossible. L'authenticité, dans cette affaire, n'est qu'un bon argument de vente.

La disparition du caractère sacré que peut avoir le mort va dans le sens de cette abolition de tout transfert dont je parlais. Une société qui en vient à prendre son plaisir au spectacle de la mort est à tout le moins inquiétante. Vous voyez comment l'abolition de ce qui était la portée habituellement festive, l'instance source des réjouissances, des *agapes*, de l'enivrement, de la danse, des rencontres, des coups de folie et pour laquelle la figure de Dionysos servait de référence, au profit d'un spectacle rassemblant des foules autour des images de la mort, a un côté prémonitoire qui mérite de retenir l'attention des psychanalystes et des ethnologues. Voilà pourquoi j'ai parlé à ce propos de nouvelle économie psychique : j'y vois une manifestation absolument inédite et collective.

J.-P. LEBRUN : Pensez-vous à d'autres manifestations de cette nouvelle économie psychique ?

CH. MELMAN : On pourrait prendre une autre extrémité et remarquer qu'après tout notre rapport au sexe connaît une mutation semblable. Nous appartenions jusqu'ici à une culture fondée sur la représentation, c'est-à-dire sur une évocation, sur l'évocation du lieu où se tenait l'instance sexuelle susceptible d'autoriser les échanges. Nous sommes passés de la *représentation* qui nous est familière, coutumière du rapport au sexe, lui que nous ne faisions jamais qu'approcher, pour – semble-t-il – préférer sa *présentation*. Comme pour cet « art anatomique », il s'agit maintenant de rechercher l'authentique, autrement dit non plus d'une approche organisée par la représentation, mais d'aller à l'objet même. Si l'on poursuit dans ce droit fil, ce qui marque cette mutation culturelle, c'est cet effacement du lieu de recel propre à abriter le sacré, c'est-à-dire ce dont se soutiennent tant le sexe que la mort. Ainsi, le sexe s'envisage aujourd'hui au titre d'un besoin, comme la faim ou la soif, maintenant que sont levées la limite et la distance propres au sacré qui l'hébergeait.

Ce que Freud a découvert

J.-P. LEBRUN : C'est en cela que vous parlez d'effacement de la limite ?

CH. MELMAN : Oui, car il se trouve que, du même coup, ce qui vient à se trouver perdu, c'est ce que Lacan appelle l'objet *a* *, la cause du désir, cet objet * perdu initial dont le caractère fuyant entretient la quête de notre désir. Dans le même mouvement – ce qui me semble plus intéressant encore – disparaît le sujet en tant qu'animé par cette quête, le sujet en tant que sujet de l'inconscient, celui qui s'exprime dans les rêves, les lapsus, les actes manqués. Car, après tout, la découverte de Freud, s'il y en a une, c'est bien de nous avoir permis de vérifier – car il s'agit moins d'une théorie que de ce que notre pratique quotidienne nous permet d'éprouver chaque jour – que le rapport du sujet au monde, aussi bien qu'à lui-même, n'est pas organisé par ce qui serait un lien direct et simple à un objet *, comme dans le monde animal où il suffit de se laisser guider par ses instincts. S'il y a donc découverte de Freud, c'est bien ceci : notre rapport au monde et à nous-même est mis en place non par un objet, mais par le manque d'un objet, et d'un objet d'élection, essentiel, d'un objet chéri, puisque, dans la figuration œdipienne par exemple, c'est de la mère qu'il est question. Il faut pour ce malheureux sujet humain en passer par cette perte afin d'avoir accès à un monde de représentation pour lui tenable, où son désir soit à la fois alimenté et orienté et ses identifications sexuelles à peu près assurées.

Nous sommes les seuls dans le règne animal dont la possibilité de réalisation sexuelle est organisée par une dysfonction, puisque le choix de l'objet est réglé non par une identification des traits caractéristiques du partenaire, partenaire de sexe opposé, ou des odeurs spécifiques, mais par la perte, le renoncement à l'objet aimé. Il faut cette dysfonction pour que chez l'être parlant le sexuel puisse s'accomplir, il faut qu'il ait accès à un semblant *, à un facsimilé.

Il faut ce type de dysfonctionnement – que nous rencontrons régulièrement dans toute approche de l'enfant –, ce type de malheur pour que le rapport du sujet au monde, à son désir, à son identité puisse se faire. On voit de quelle manière, évidemment, cette perte met en place une limite, et comment cette limite a la propriété d'entretenir le désir et la vitalité du sujet. Le père, contrairement à un abord simpliste de la situation œdipienne, n'est pas tant celui qui interdit que celui qui donne l'exemple du franchissement autorisé de la limite pour accomplir son désir, son désir sexuel. Tout le monde sait bien que l'accomplissement du désir sexuel a toujours cet aspect momentanément hors norme, quelque peu transgressif.

La fonction du père est donc bien de mettre l'impossible au service de la jouissance sexuelle... et on se demande par quelle aberration le père a pu se faire identifier comme l'interdicteur du désir alors qu'il en est d'abord le promoteur. Il faudrait, là-dessus, tourmenter un peu Freud !

Ce n'est pas moi qui viendrai vous rappeler le destin que connaît aujourd'hui la figure paternelle, la façon dont, de manière tout à fait surprenante tant elle est inscrite dans la mode, nous nous employons à venir la châtrer, comment elle est de plus en plus, ladite figure, interdite, malmenée, dévalorisée. Je suis heureux qu'un projet de loi [1] ait vu le jour pour permettre enfin en France aux pères de prendre un congé après la naissance de leur enfant. Mais cette nouvelle possibilité, paradoxalement, les astreint à ce qui sera encore une fonction de type maternel.

C'est évidemment remarquable. La résurgence d'un amour forcené et violent pour la figure paternelle dans un certain nombre de zones est l'une des conséquences de cette façon dont le père est désormais considéré. Là, sous la forme d'explosions nationalistes ou religieuses, s'exprime une sorte de vocation des fils, des jeunes, à venir restituer, remettre en place cette figure sous une forme consistante. Ce père-là ne se laissera pas faire, ce sera un père qui en a, un père costaud, solide. Les bandes, dans les zones où on les voit se former, ne semblent pas moins animées par ce souci de constituer une communauté d'appartenance où la figure d'un mythique patron ancestral se dessine en filigrane. Il suffira que passe un professionnel de la religion pour qu'elle prenne corps.

1. Le projet de loi autorisant les pères à profiter d'un congé de paternité est entré en vigueur en France en janvier 2002. Il semble être entré dans les mœurs à une vitesse étonnante. 4 000 à 5 000 demandes par semaine sont parvenues aux caisses de Sécurité sociale. « Sans jamais l'avoir jamais réclamé, les pères se sont saisis du congé de paternité comme s'ils l'attendaient depuis bien longtemps. Selon un bilan établi par le gouvernement, au 1er mai 2002, 50 000 pères avaient déjà bénéficié du nouveau congé de paternité », annonçait *Le Monde* du 14 mai 2002.

Cette mutation à laquelle nous assistons est liée, me semble-t-il, au fait que cette limite que nous évoquions est désormais caduque. Il n'y a plus de difficulté à la franchir.

J.-P. LEBRUN : Le terme de franchissement renvoie pourtant encore à l'ancienne économie psychique, ce qui indique bien la difficulté. La limite ne serait-elle pas plutôt effacée, pulvérisée ?

CH. MELMAN : Oui, absolument. Elle est si aisément franchie qu'elle en est effacée.

J.-P. LEBRUN : Elle s'autoavale, se fait disparaître comme limite. Et cela n'est pas sans évoquer ce dont vous venez de parler et qui semble tout à fait d'actualité, l'exigence de présentation plutôt que de représentation, et donc du même coup de transparence...

CH. MELMAN : C'est ce qu'est devenu le cinéma. Il ne signifie plus rien, il montre, il dévoile, il exhibe.

J.-P. LEBRUN : Ce qu'on constate aussi bien avec la fascination pour l'expérience de « Loft Story »...

CH. MELMAN : Il s'agit aujourd'hui d'exhiber. Ce qu'on appelle le goût de la proximité va si loin qu'il faut exhiber ses tripes, et l'intérieur de ses tripes, et même l'intérieur de l'intérieur. Il n'y a plus aucune limite à l'exigence de transparence. La surprise, ce sont ces émissions télévisées qui réunissent un public profane pour débattre d'une question extrêmement délicate ou intime, par exemple la sexualité après soixante ans, un thème assurément passionnant : les gens se dénudent devant les caméras avec une impudeur qu'ils ne seraient pas forcément capables de manifester dans le cabinet d'un médecin. La présence des spots et des caméras agit comme un impératif devant lequel personne ne pourrait rien refuser, comme si on faisait face à un tortionnaire à qui il convient de tout avouer, y compris ce qu'on n'a pas fait. Et ça, c'est extraordinaire.

Voilà qui participe de cette économie nouvelle. Le regard est aujourd'hui cette sorte de tortionnaire devant lequel rien ne peut être dissimulé. Notre journalisme soi-disant d'investigation se complaît fréquemment dans le fouille-merde et l'exhibition. À la grande joie, semble-t-il, du lecteur heureux d'apprendre que tel homme puissant a une maîtresse : la belle affaire ! Qu'il ait une vie privée ou qu'il n'en ait pas, en quoi est-ce que ça intéresse ou détermine son action politique et les positions qu'il a pu prendre ? Il y a de l'infantilisme en même temps dans cette panscopie. On connaît cette fameuse histoire du *panopticon* de Bentham [1]. Ce type génial avait parfaitement prévu le fonctionnement du monde dans lequel nous vivons : il suffit d'un regard, d'un surveillant, pour voir l'ensemble ; il suffit pour le surveillant d'être à cette place et de jouir d'une vue panoramique sur le destin de ses contemporains, comme si celui-ci présentait quelque originalité et pouvait susciter quelque intérêt.

J.-P. LEBRUN : C'est à cette place, celle du surveillant, que se mettent les téléspectateurs, ceux qui regardent sont d'office à cette place-là...

CH. MELMAN : Et voilà ! Le regard de l'omnivoyeur.

1. Le *panopticon* de Bentham est la figure architecturale inventée par ce célèbre juriste et philosophe anglais (1748-1832), que Michel Foucault a réévoquée dans *Surveiller et punir* (Gallimard, 1975). Il s'agit d'un modèle de prison constitué par un bâtiment en anneau construit autour d'une tour centrale ; celle-ci est percée de larges fenêtres et les cellules du bâtiment sont vitrées de part en part de telle sorte qu'un surveillant peut, à partir de la tour, observer l'intérieur de toutes les cellules.

J.-P. LEBRUN : Au fond, c'est comme si on croyait, avec ce type de fonctionnement nouveau, et les possibilités nouvelles qu'il ouvre, pouvoir quitter la métaphore, ne plus habiter le langage, ne plus être embarqués d'office dans la parole...

CH. MELMAN : Certes, puisque le français tend à devenir plus iconique que verbal, l'image – revenons-y – ne fonctionne plus comme représentation, mais comme présentation. Il conviendrait que les linguistes s'intéressent à cette langue en train de se constituer sur Internet, la langue qui sert aux échanges entre internautes qui ne se connaissent pas. Un langage, à base d'anglais évidemment, est là en train de se *néoformer*. La mondialisation annoncée n'ira pas sans passer par là, par ce langage avec ses particularités déjà notables ou prévisibles. Celles-ci pourraient se révéler déterminantes pour notre avenir psychique, si cette langue devait trouver le statut de langue dominante.

J.-P. LEBRUN : Une *novlangue* donc, tout à fait actuelle. Mais qui aurait quelle caractéristique ?

CH. MELMAN : Celle d'être une langue exacte, c'est-à-dire de se référer chaque fois à l'objet précis – un mot/une chose – qui réunit les internautes. Que l'on parle de moto ou de timbre-poste, ou que l'on échange des propos érotiques, l'objet présentifié est là, c'est lui qu'on célèbre et c'est autour de lui qu'on se regroupe. Le langage est sans équivoque, il est direct et cru. Si l'un de ces internautes s'engageait à faire de la poésie, l'autre ne le comprendrait pas, ce serait une rupture de la communication. Celle-ci doit donc être aussi précise que le mode d'emploi que donne un fabricant à son client, clair et technique.

Où est passée l'autorité?

J.-P. LEBRUN : Vous disiez qu'il n'y avait plus que des pratiques, et maintenant vous évoquez un langage purement technique. Au fond, ce qui disparaît dans cette nouvelle économie, c'est le lieu de ce qui échappe, le lieu du transfert *, le lieu du sacré, le lieu du respect. Serait-ce aussi le lieu de l'autorité qui, ainsi, se trouverait évincé?

CH. MELMAN : Oui, le lieu d'où se légitiment et s'entretiennent le commandement et l'autorité. Je ne vais pas m'engager ici dans une distinction facile entre pouvoir et autorité. Quand quelqu'un se réclame d'un pouvoir, vous le savez, ce n'est jamais qu'en référence à ce qui serait une autorité, pas forcément exhibée. Référence en tout cas sur laquelle le pouvoir se fonde. Il semble aujourd'hui qu'avec cette disparition de la limite qu'on évoquait, ce qui fait autorité vienne du même coup à faire défaut. Dans ce qui était notre culture, la conjonction entre lieu de l'autorité et lieu du sacré semblait aller de soi. Le lieu de l'autorité était à la fois ce qui était le lieu de recel de la divinité et le lieu d'où les commandements pouvaient justement s'autoriser. La conjonction ne faisait problème pour personne, c'est d'ailleurs pourquoi, pendant des siècles, le pouvoir a été théologico-politique. La politique était forcément théologique, car le pouvoir, par délégation, venait de Dieu. Les républiques laïques ne se sont jamais totalement débarrassées de cet héritage.

J.-P. LEBRUN : Elles reprenaient ce modèle-là, même si elles évidaient le ciel...

CH. MELMAN : Bien sûr. C'est ce modèle qu'elles reprenaient. On trouvait d'autres mots, celui de patrie par exemple, pour renvoyer à l'instance sacrée qu'il s'agissait de respecter. Les ordres donnés pouvaient se référer à la sauvegarde de cette instance.

J.-P. LEBRUN : À vous suivre, il semblerait que le progrès actuel, puisque vous employez ce mot, risque d'impliquer aussi la fin du politique !

CH. MELMAN : Mais c'est bien ce à quoi nous assistons. La vie politique est désertique, il n'y a plus la moindre conception idéologique ou même utopique, ni mot d'ordre ni projet. Il n'y a plus de programme politique. Nos hommes politiques se transforment en gestionnaires, au point que, très logiquement, un grand peuple comme le peuple italien met au pouvoir celui qui s'est illustré comme homme d'affaires. Tout ça paraît absolument raisonnable : s'il a si bien su gérer ses propres affaires, pourquoi ne saurait-il pas gérer celles de son pays ?

J.-P. LEBRUN : Ce lieu du sacré, de l'autorité, qui se trouve là vidé, effacé, n'est-ce pas tout simplement le lieu de ce que nous analystes appelons l'instance phallique * ?

CH. MELMAN : C'est lui, justement, qui s'est trouvé liquidé, le lieu de l'instance phallique. Et de façon tout à fait explicite dans les formes romanesques, par exemple dans les romans à succès, à très grand succès, qui eux ont un programme : l'élimination du sexe. Je pense en particulier à Houellebecq et à ses *Particules élémentaires*. C'est en effet le sexe qui nous complique la vie, qui la rend laide, sale, obscène, inesthétique. La biologie et la fécondation artificielle, nous explique-t-on, vont enfin nous en débarrasser. Je ne vois pas pourquoi ce ne serait pas réalisable. Pourquoi serait-on immanquablement encombré par cette affaire qui nous cause tant de soucis ? On pourrait comme ça s'essayer à jouer de la harpe, c'est mieux que de perdre son temps dans les disputes conjugales...

Quelle place pour le sujet?

J.-P. LEBRUN : Mais, c'est du même coup le lieu de la division subjective * – cette incertitude irréductible parce que structurale * qui spécifie le sujet du fait qu'il dispose de la parole, ce prix qu'il paye au langage – qui est éliminé...

CH. MELMAN : Vous avez raison. Voilà encore un trait de la nouvelle économie psychique : il n'y a plus de division subjective *, le sujet n'est plus divisé. C'est un sujet brut. Parler de sujet divisé, c'est dire déjà qu'il s'interroge sur sa propre existence, qu'il introduit dans sa vie, dans sa façon de penser, une dialectique, une opposition, une réflexion, une façon de dire « Non ! ». Aujourd'hui, nous ne voyons plus guère l'expression de ce qui serait la division subjective.

J.-P. LEBRUN : Du coup, ne pourrait-on craindre qu'il n'y ait même plus de place pour un véritable sujet?

CH. MELMAN : Il y a place pour un sujet, mais un sujet qui a perdu sa dimension spécifique. Ça n'est sûrement plus le sujet qui relève de cette *ek-sistence* [1], de cette extériorité interne, qui lui donnait un certain recul, un coup d'œil sur sa vie, sur le monde, sur ses relations, et des choix possibles. C'est devenu un sujet entier, compact, non divisé...

1. Lacan aimait écrire *ek-sistence* – au lieu d'existence – pour insister sur le « ex » et ainsi faire entendre comment c'est dans un lieu Autre que le sujet se constitue.

J.-P. LEBRUN : Qui est universalisé ? Le même pour tous ? Donc aussi un sujet banalisé ?

CH. MELMAN : Oui, c'est le sujet commun, moyen, quelconque.

J.-P. LEBRUN : La disparition de ce lieu de la division subjective, de cette limite, cela nous ramène-t-il à un savoir purement instinctuel, à un être dont la conduite serait déterminée à l'avance ?

CH. MELMAN : Cela serait l'idéal, cela constituerait, vous avez raison, une forme d'accomplissement, puisqu'il ne serait plus nécessaire de déterminer ou choisir ses actions : elles se trouveraient, comme chez l'animal, prédéterminées. Quel soulagement ! Il suffirait de se laisser porter.

Voilà quelque chose que l'on pourrait aussi bien inscrire dans le champ du progrès. On n'a plus de ce côté-là, du côté de la subjectivité, à s'en faire, puisque nous sommes en mesure de lever cette limite, même si, alors, un doute, bien sûr, s'insinue sur la réalité de notre monde. Comment savoir que l'on est dans la réalité ? Quand on se réveille le matin, comment sait-on que le rêve a cessé ? C'est sans doute que l'on reprend contact avec une forme de déception qui organise notre rapport à la réalité. Or, si ce type de déception vient à faire défaut, si celle-ci n'est plus le support de la réalité qui est la nôtre, de sa validité, alors la question évidemment surgit : est-ce que l'on n'est pas toujours dans le rêve, est-ce que l'on n'est pas toujours dans le domaine où tout paraît possible ?

Ce progrès dont je suis en train de parler – et je n'utilise pas ce terme de façon ironique, car il n'y a aucune raison de ne pas l'inscrire dans ce registre – est homogène à celui de notre économie. Celle-ci est en effet en mesure de nous fournir des objets toujours plus merveilleux, plus propres à nous valoir des satisfactions aussi bien objectales que narcissiques. Grâce à eux, il ne s'agit plus de se satisfaire de représentations, mais de l'authentique lui-même, de l'objet non plus représenté mais effectivement là, présent dans la réalité. L'idéal libéral n'est-il pas de favoriser l'enrichissement réciproque en affranchissant les échanges de toute référence régulatrice ? Se trouve ainsi à son principe un rapport duel, dispensé d'entraves, dont les effets paraissent manifestes sur la vie psychique.

C'est dans ce champ, dans cet esprit, que je situe la place que prend aujourd'hui la théorie cognitiviste, car elle est justement organisée sur ce principe. L'apprentissage direct des voies d'accès, aussi bien à l'objet qu'à soi-même, doit être suffisamment performant et compétent pour nous assurer une trajectoire à peu près heureuse et sans complications.

Il est vrai que ce rapport à un système où la limite se trouve ainsi levée simplifie considérablement la tâche psychique de chacun. Pour accéder à la satisfaction, il n'est plus nécessaire de passer par le dysfonctionnement que j'évoquais, et qui est bien entendu source de névrose – ou de psychose –, puisqu'il est ordinaire de s'en défendre dès lors qu'il y a à assumer une identité subjective et un rapport à peu près stable et cohérent à l'endroit des objets. Il n'est donc plus inévitable d'emprunter ces trajets complexes et douloureux, d'affronter ces crises psychiques, ces crises mentales, pour accéder à une satisfaction qui, après tout, a manifestement valeur, intérêt et pouvoir. Du même coup, les problèmes d'identification sexuelle et le souci de prendre place dans le champ des devoirs impartis à chacun, y compris les devoirs de mémoire, tout cela se trouve grandement simplifié.

La jouissance sexuelle – et c'est l'un des effets, à mon sens, de cette mutation –, qui jusqu'ici se présentait comme l'étalon de toutes les autres jouissances, c'est-à-dire ce qui en donnait la mesure et permettait la relativisation des diverses jouissances orificielles, occupe maintenant une place commune, ordinaire parmi les autres. Elle a perdu ce privilège qui avait surpris Freud et les premiers freudiens d'être l'organisatrice de toutes les jouissances dites partielles *, de se trouver en quelque sorte au sommet de l'édifice. Aujourd'hui, le sexe peut être traité comme une jouissance orificielle ou instrumentale comme les autres.

Un progrès... vraiment?

J.-P. LEBRUN : Vos propos me semblent paradoxaux. Vous parlez de progrès, du fait qu'à partir du constat que le ciel est vide, nous nous sommes libérés. Et en même temps vous décrivez des conséquences de cette évolution qui ne sont pas, c'est le moins qu'on puisse en dire, pour nous ravir !

CH. MELMAN : Le progrès, nous le savons, se paye toujours d'une façon ou d'une autre. C'est la source, je l'ai dit, d'une très grande liberté : aucune société n'a jamais connu une expression de son désir aussi libre pour chacun, une facilité aussi grande de trouver un partenaire... À part la pédophilie, qui est un terrain réservé – pour combien de temps d'ailleurs ! –, il est bien évident que chacun peut publiquement assouvir toutes ses passions et, qui plus est, demander à ce qu'elles soient socialement reconnues, acceptées, voire légalisées, y compris les changements de sexe. Une formidable liberté, mais en même temps absolument stérile pour la pensée. On n'a jamais aussi peu pensé quoi que ce soit ! Cette liberté est là, mais au prix de ce qui serait la disparition, l'*aphanisis* de la pensée.

Cela nous concerne directement dans notre pratique clinique. La difficulté moderne du couple, dont le contrat devenu commercial et juridique – comme un contrat d'économie de marché – a pu de façon imaginaire se substituer à la symbolique de l'échange, est d'avoir à assurer le plus-de-jouir * qu'a promis ledit marché. Mais l'alternance présence-absence – car les deux partenaires ne sont pas toujours ensemble – implique une périodique baisse de tension qui peut parfaitement être vécue comme un préjudice. Les jeunes qui viennent me voir m'inspirent parfois une certaine émotion, quand justement se repère comment ils ont réussi à s'organiser. Ainsi, ce jeune musicien de vingt-cinq ans, extrêmement sympathique, que je vois actuellement. Il gagne sa vie, mal, avec sa musique et me raconte ses échanges avec son amie. Ce sont des échanges à la fois admirables et pathétiques. Lorsqu'il rentre, elle se plaint : « Tu es en retard, moi je t'attends, le repas est trop cuit, etc. », et lui s'engage dans des excuses, demande pardon, il comprend parfaitement son effort, cet effort non récompensé et son ennui en l'attendant, mais il a eu une obligation, il s'excuse et avance sur le chemin de la contrition et de la peine qu'il a pour elle. Puis, au bout d'un moment, ça devient : « Oui mais quand même, il faut que tu respectes un petit peu ma vie ! Si je suis arrivé en retard, c'est que j'ai aussi des choses à faire, des obligations, que je n'ai sans doute pas pu faire autrement, tu t'en doutes. Il ne faudrait pas que tu viennes empiéter sur ce que sont mes propres nécessités, voire mon propre plaisir, que tu viennes gêner ce que je peux avoir envie de faire. » Alors, le ping-pong évidemment reprend dans l'autre sens.

Cette recherche de ce qui serait la juste mesure entre eux me semble pathétique et sympathique, parce qu'ils ont réellement décidé d'affranchir leur vie de toute référence à une espèce d'acquis traditionnel des positions, de la rhétorique propre au couple, et ils tentent d'inventer un propos nouveau et salvateur, plus juste, où chacun effectivement respecterait l'autre. Ils passent ainsi un temps considérable, et finalement très conflictuel, à essayer sans cesse de trouver ce qui serait le bon régime dans leurs relations, le bon tranchement, si vous me permettez l'expression. Et d'ailleurs, comment le trouveront-ils ? Cela pour évoquer là encore un type de limite écrit nulle part, mais cependant à l'œuvre et actif. Cet homme et cette femme qui pourraient se retrouver agréablement après la séparation du travail vont passer un temps infini à discuter non pas d'eux-mêmes, mais de leur relation et de la juste position de ce qu'on appelle le fléau – c'est bien le mot ! – dans une balance.

On en déduit aisément le prix qu'il faut payer à cette nouvelle économie. Mieux vaut peut-être en prendre la mesure et le connaître.

Une nature humaine ?

J.-P. LEBRUN : Nous en revenons à devoir penser ce qui fait la spécificité de l'humain...

CH. MELMAN : Effectivement. Néanmoins je ne voudrais pas que vous pensiez que je défends l'idée d'une nature humaine. J'ai mis, au contraire, l'accent sur le fait que nous étions des animaux dénaturés, et que c'est là tout le problème. Si nous avions une nature humaine, autrement dit si nous pouvions nous fier à ce qui est inné, à ce qui est instinctif, à ce qui est spontané, notre tâche en serait grandement facilitée. Cette nouvelle économie psychique a précisément l'ambition de corriger ce « défaut ». La grande philosophie morale d'aujourd'hui est que chaque être humain devrait trouver dans son environnement de quoi le satisfaire, pleinement. Et si ce n'est pas le cas, c'est un scandale, un déficit, un dol, un dommage. Ainsi, dès que quelqu'un exprime une quelconque revendication, il est légitimement en droit – et, à défaut, la législation est rapidement modifiée – de voir sa revendication satisfaite. Une femme, par exemple, proteste contre le traitement inégal qui lui est réservé dans l'éducation des enfants, et aussitôt la législation doit être modifiée et est reconnu son droit à l'autorité parentale.

Et cela, on l'observe dans tous les domaines. Alors, est-ce ou non une nouvelle philosophie ? En réalité, on en revient à la philosophie anglaise sensualiste du XVIIIe siècle. Il est amusant de voir comment, sans qu'il y ait de référence particulière, ses préceptes, aujourd'hui, se réalisent. Pourquoi, d'ailleurs, n'aurions-nous pas le droit de trouver dans notre environnement ce qui peut nous satisfaire, et cela quelles que soient nos mœurs ? Si un couple homosexuel désire se marier, à quel titre viendrait-on s'y opposer ? Si un transsexuel demande un changement d'identité, à quelle autorité feriez-vous référence pour le refuser ? Ou si une sexagénaire veut avoir un enfant, au nom de quoi l'éconduire ? Dans la situation actuelle, dès lors qu'il y a en vous un tel type de souhait, il devient légitime, et il devient légitime qu'il trouve sa satisfaction.

J.-P. LEBRUN : Justement, allons-nous refuser de supporter les conséquences d'être – comme vous venez de le rappeler – « des animaux dénaturés » ? Si, comme nous l'enseigne la psychanalyse, ce n'est pas l'objet, mais le manque d'objet qui est organisateur de la spécificité humaine, si cet objet – cette « Chose » que la mère sert le plus souvent à métaphoriser – doit être perdu pour que l'humain puisse émerger et si, comme vous le soutenez, le lieu de la limite est mis en place par cette perte, y contrevenir équivaudrait du coup à réaliser un inceste. Est-ce que vous entérineriez, de ce fait, la formule selon laquelle nous sommes dans une société incestueuse ?

CH. MELMAN : Le dire ainsi ferait problème. Il est clair, en tout cas, que nous sommes dans une société où la fabrication d'objets aptes à satisfaire les orifices corporels est devenue une sorte d'exigence et rencontre évidemment la faveur collective. Ce sont des objets merveilleux, capables en effet de saturer jusqu'à l'épuisement les orifices visuels et auditifs. On fabrique aujourd'hui des sons extraordinaires que l'on n'entend plus seulement avec les oreilles, mais avec tout son corps – le corps vibre avec les basses fréquences qui le traversent comme des rayons. Ce sont des jouissances fabriquées, artificielles, qui font partie des produits de la nouvelle économie psychique. Elles sont susceptibles, par un renversement, de venir prévaloir sur la jouissance sexuelle puisque, au fond, ces jouissances orificielles dont Freud disait qu'elles étaient prégénitales peuvent très bien primer sur la jouissance sexuelle, évidemment plus aléatoire, sauf quand celle-ci s'aide d'excitants, ce qui arrive aussi.

Une économie qui pousse à l'inceste?

J.-P. LEBRUN : Donc, la jouissance sexuelle ne fait plus repère, ne fait plus borne?

CH. MELMAN : Ne fait plus borne et ne fait plus, en tout cas, étalonnage pour les jouissances. Désormais, pas plus d'étalon pour les jouissances que pour les monnaies.

J.-P. LEBRUN : D'où d'ailleurs cet intérêt pour la jouissance nécrophilique, par exemple...

CH. MELMAN : Par exemple. Ou alors pour les jouissances du corps, les jouissances musculaires, toutes ces histoires de body-building dans nos sociétés dites développées.

J.-P. LEBRUN : Doit-on dire que la jouissance sexuelle est réglée par la castration *, alors que les autres le sont uniquement par la privation * et la frustration *, comme je crois vous l'avoir entendu énoncer lors d'un colloque consacré aux « Constructions dans l'analyse [1] » ?

CH. MELMAN : Non, ce que j'ai dit à propos des « constructions * », c'est qu'elles mettent en place dans le champ de l'analyse le sujet d'une frustration ou d'une privation, et non pas le sujet de la castration. Parce que le fantasme * [2] d'un sujet est toujours inconscient et on voit mal comment le déploiement d'une histoire serait susceptible de venir générer un sujet inconscient... Ça peut mettre en place le sujet en lui désignant l'objet de sa revendication ou l'objet dont abusivement il a été privé, mais pas son fantasme. On touche là au registre du réel *, et vouloir donner la clé du fantasme serait en même temps empêcher l'analysant d'y accéder. Qu'un sujet en analyse arrive à mettre au jour ce qu'il en est de son fantasme est une chose, venir lui en proposer une formule en est une autre. Alors, est-ce qu'il y a une orthopédie possible du désir sexuel ? Et pourquoi faudrait-il qu'il y en ait une ? C'est ça, au fond, la question.

J.-P. LEBRUN : Nous nous retrouverions comme emportés dans un mouvement volontariste : maintenant que nous avons, avec la psychanalyse, identifié les mécanismes et le fonctionnement de la réalité psychique, nous pourrions

1. Il s'agissait de journées de l'Association lacanienne internationale qui se sont tenues à Bruxelles en mai 2001 et qui étaient consacrées aux « Constructions dans l'analyse ». Les actes de ces journées ont été publiés dans le *Bulletin freudien*, revue de l'Association freudienne de Belgique, n° 39, avril 2002.

2. Il ne s'agit pas là d'évoquer les fantasmes dans leur acception usuelle. Il est fait référence ici au fantasme organisateur du sujet tel qu'en parle l'enseignement de Lacan (cf. glossaire).

penser être en mesure de la fabriquer. Cela, bien sûr, n'est pas réalisable ! Le volontarisme ne nous permet pas de passer de l'imaginaire * au symbolique *. Il ne peut aboutir qu'à un renforcement de l'imaginaire...

CH. MELMAN : Exactement. C'est tout à fait ça !

J.-P. LEBRUN : Diriez-vous alors plutôt que nous sommes face à une économie psychique qui, sans être incestueuse, « pousse » néanmoins à l'inceste ?

CH. MELMAN : Qui pousse à l'inceste ? Sans doute, comme on l'a déjà dit, mais un inceste qui n'a pas besoin d'une réalisation, de sa réalisation figurée classique, c'est-à-dire d'une liaison avec la mère, pour exister. Cette représentation-là n'est plus nécessaire pour que l'inceste existe. Sans limite, plus d'interdit ni non plus d'objet qui en devient symbolique.

J.-P. LEBRUN : C'est vrai, c'est plus complexe, puisque, effectivement, il n'y a plus à passer par la réalisation. Voilà qui éclaire bien ce que vous dites par ailleurs du père, de la remise en question de sa légitimité. Vous rappelez, à juste titre, que la figure qu'il prend est du côté de l'interdit, de l'empêcheur, du perturbateur. Il n'est plus du tout entendu comme celui qui a la charge de nouer le désir à la Loi *, comme le disait Lacan.

CH. MELMAN : La fonction du père est de priver l'enfant de sa mère, et ainsi de l'introduire aux lois de l'échange ; au lieu de l'objet chéri, il devra composer plus tard avec un semblant *. C'est cette opération qui prépare l'enfant à la vie sociale et à l'échange généralisé qui la constitue : qu'il s'agisse d'amour, donc, ou de travail. Mais le problème du père, aujourd'hui, c'est qu'il n'a plus d'autorité, de fonction de référence. Il est seul et tout l'invite en quelque sorte à renoncer à sa fonction pour simplement participer à la fête. La figure paternelle est devenue anachronique.

L'envie plutôt que le désir

J.-P. LEBRUN : Vous évoquiez le cinéma tout à l'heure. Souvent, dans les films actuels, le père n'est plus représenté, ou alors il est sans voix ou aux abonnés absents. Comment alors se pose la question du désir ?

CH. MELMAN : Le désir, aujourd'hui, s'entretient davantage par l'envie qu'en référence avec un support idéal. Autrement dit, il est surtout dépendant de l'image du semblable en tant que le semblable se trouve possesseur de l'objet ou des objets susceptibles de susciter mon envie. Le désir, normalement, est organisé par un manque symbolique. Mais le manque qui se met en place dans la relation au semblable est seulement imaginaire. Pour être symbolique, il lui faudrait être en rapport à quelque instance Autre * où il trouverait sa justification. Si le désir ne se supporte plus d'un référent Autre, il ne peut plus se nourrir que de l'envie que provoque la possession par l'autre du signe qui marque sa jouissance. Il devient alors un simple accident social, que le paritarisme doit d'ailleurs réparer ; car il est scandaleux qu'il y en ait qui aient plus que d'autres. Un grand journal du soir français a publié les sommes que les dirigeants de grandes entreprises perçoivent grâce à leurs stock options. Il les a publiées avec la volonté de jeter ces gens en pâture à ses lecteurs : « Vous voyez ! Quelle injustice ! Ils gagnent tant d'argent alors que vous-mêmes avez un simple salaire... » C'est l'envie même provoquée par ces revenus qui est en jeu, la question n'est pas de les juger. Ce qui est scandaleux, c'est qu'il puisse y avoir de l'envie, et donc du même coup du désir. Il faudrait même arriver à expurger l'envie !

J.-P. LEBRUN : Et si, effectivement, on en arrivait jusqu'à éradiquer l'envie ?

CH. MELMAN : Je ne crois pas qu'on y parvienne jamais. Il suffit d'un petit rien qui soit différent pour provoquer l'envie. Ce qui est frappant, c'est le caractère très primitif, très sot du processus. Au lieu de respecter le fait qu'il y ait de l'envie, qu'il y ait du désir, ce qui après tout est le grand moteur social et le grand moteur de la pensée, on assiste aujourd'hui à une dénonciation de toutes les asymétries au profit d'une sorte d'égalitarisme qui est évidemment l'image même de la mort, c'est-à-dire de l'entropie enfin réalisée, de l'immobilité. Vous voyez, on en revient à l'exposition dont nous parlions tout à l'heure, au vœu de mort fondamental qu'il y a derrière toute cette affaire, à ce souhait que tout s'arrête... Ça va de pair avec la liquidation collective du transfert, mais aussi avec la liquidation de la référence à l'instance phallique *, vécue jusque-là comme la grande ordonnatrice de toute notre organisation psychique.

J.-P. LEBRUN : En somme, nous n'en serions qu'aux premiers balbutiements de cette logique collective dans le social. Il me semble alors difficile, une fois de plus, d'entériner votre terme de progrès...

CH. MELMAN : Le progrès indéniable, c'est d'avoir saisi que le ciel est vide, que dans l'Autre *, il n'y a personne et il n'y a rien. Ça c'est un progrès...

J.-P. LEBRUN : Au fond, c'est comme si nous n'avions pas métabolisé les conséquences de ce progrès ?

CH. MELMAN : Nous ne les avons pas du tout métabolisées. Jusqu'ici, le progrès a toujours consisté à repousser les limites du pouvoir de la science et, d'une façon remarquablement synchrone, les interdits de la morale. Mais dans l'un et l'autre domaine, ces limites n'ont plus aujourd'hui de véritable consistance, sinon éphémère : c'est la rançon du succès. De sorte que le progrès ne conduit plus vers des terres émergées où, pour un temps au moins, s'organiserait une nouvelle vie plus facile ; mais vers des zones marécageuses qui ne servent plus de support qu'à des subjectivités incertaines et labiles, anxieuses éventuellement de retrouver un sol ferme. Lancé à toute vitesse, le Progrès express file ainsi vers une destination non signalée. Il faudrait quand même que nous nous interrogions sur celle-ci. Au lieu de cela, nous profitons simplement de ce progrès, d'une façon qui escamote les leçons qu'il y aurait à en tirer. Constater que le ciel est vide, dire qu'il n'y a rien dans l'Autre *, ne veut pas dire que l'Autre est aboli. Nous confondons. L'Autre reste l'Autre, reste notre partenaire, même s'il n'y a personne pour lui donner autorité. Et c'est là que nous opérons le petit déplacement qui brouille tout.

J.-P. LEBRUN : Qu'est-ce que la psychanalyse peut faire par rapport à ça, sinon l'indiquer, le faire apparaître?

CH. MELMAN : Comme d'habitude, elle ne peut rien faire, en tout cas directement. De plus, la psychanalyse a même beaucoup contribué à cet état de fait, par sa diffusion dans le milieu social. Il y a eu une interprétation de la psychanalyse freudienne qui a conduit à cette situation, lui a servi d'idéologie. Il est bien évident que la psychanalyse lacanienne, en revanche, ne peut être mise en cause à cet égard, au contraire, au point même que les lacaniens, comme vous le savez, sont de plus en plus présentés aujourd'hui comme des réactionnaires, ce qui est assez cocasse.

J.-P. LEBRUN : Vous dites : la psychanalyse freudienne. Vous pensez à la diffusion par exemple de la reconnaissance de la sexualité infantile ?

CH. MELMAN : À la diffusion de l'idéal de Freud, à savoir que le « malaise dans la civilisation [1] » est lié au caractère excessif des restrictions morales telles qu'elle les impose. Freud doit se réjouir d'avoir été entendu. Le malaise dans la civilisation était lié pour lui à la répression excessive qu'elle exerçait sur les pulsions sexuelles ; il est clair qu'aujourd'hui la levée massive du refoulement et l'expression crue des désirs pourraient l'avoir guéri. Dès lors que la morale sexuelle est assouplie, chacun peut se trouver bien mieux dans son monde. Ce qui le rend en même temps sans intérêt ! À l'image de ces personnes qui dans les grandes villes se regroupent le soir pour circuler en roller, constituer des troupeaux momentanés de gens qui prennent le même plaisir, en même temps, au même endroit et se contemplent dans l'image d'autrui. Car, si je fais du roller tout seul dans la ville, comment savoir si j'y trouve du plaisir ? Ce n'est pas sûr ! Mais si on est mille ou plus à circuler ensemble, alors là je sais quel plaisir, quel pied – c'est le cas de le dire – je suis en train de prendre.

J.-P. LEBRUN : Vous avez évoqué la nécessité de la déception, toujours indispensable pour donner une assise au sentiment de réalité.

CH. MELMAN : La déception aujourd'hui, c'est le dol. Par un singulier renversement, ce qui est devenu virtuel c'est la réalité, dès lors qu'elle est insatisfaisante. Ce qui fondait la réalité, sa marque, c'est qu'elle était insatisfaisante, et donc

1. *Malaise dans la civilisation* est le titre d'un célèbre ouvrage de Freud, publié en 1929. On traduit désormais parfois le titre original par *Malaise dans la culture* (PUF, 1995).

toujours représentative du défaut qui la fondait comme réalité. Ce défaut est désormais relégué à un pur accident, à une insuffisance momentanée, circonstancielle, et c'est l'image parfaite, autrefois idéale, qui est devenue réalité.

Le retour de l'autorité?

J.-P. LEBRUN : Pensez-vous que toute cette évolution est paradoxalement une invitation au retour de la figure paternelle autoritaire?

CH. MELMAN : Certainement. Ce genre de situation a toujours conduit à un retour de bâton, un retour de l'autorité, le plus souvent sous une forme despotique. Est-ce que ce sera encore le cas? On peut le penser, car la situation actuelle n'est pas tenable. Et l'on peut craindre, comme une évolution naturelle, l'émergence de ce que j'appellerais un fascisme volontaire, non pas un fascisme imposé par quelque leader et quelque doctrine, mais une aspiration collective à l'établissement d'une autorité qui soulagerait de l'angoisse, qui viendrait enfin dire à nouveau ce qu'il faut et ce qu'il ne faut pas faire, ce qui est bon et ce qui ne l'est pas, alors qu'aujourd'hui on est dans la confusion.

J.-P. LEBRUN : Je pense en vous écoutant à cette émission de télévision qui s'appelle « Le maillon faible ». Dix candidats doivent répondre à une série de questions et, à chaque tour, décider lequel d'entre eux est le maillon faible à éliminer, sous prétexte qu'il n'aurait pas été à la hauteur, tandis que l'animatrice du jeu assène régulièrement : Vous auriez pu gagner dix mille francs, vous n'en avez gagné que trois mille! Il y a donc cette invitation à une prise en charge solidaire. Est-ce un exemple de ce que vous appelez un fascisme volontaire?

CH. MELMAN : C'est ça ! C'est tout à fait ça ! D'ailleurs la pensée prend de plus en plus la forme de ce fascisme volontaire. Il est devenu extrêmement difficile de faire valoir une position qui ne soit pas correcte, autrement dit une position qui n'aille pas dans le sens de cette philosophie implicite qui veut que quiconque, quel que soit son sexe, son âge, puisse voir ses vœux accomplis, réalisés dans ce monde. Toute réflexion qui cherche à discuter cet implicite est *a priori* barrée, interdite.

J.-P. LEBRUN : Puisqu'on parle là du prix à payer collectivement du fait de l'apparition de cette nouvelle économie psychique, peut-on se demander aussi quelles sont ses conséquences pour les différentes instances de l'appareil psychique ?

CH. MELMAN : Le prix à payer, très succinctement, concerne le sujet, le moi et l'objet. Du fait de ce franchissement d'une limite, le sujet, celui de l'inconscient, celui qui se trouve animé par le désir, a perdu son abri. Il a perdu sa maison, sa fixité, mais aussi le lieu qui lui permettait de tenir. On peut tout à fait avoir affaire aujourd'hui à des sujets – et cela d'une manière qui apparaît comme physiologique –, non pas, comme nous en avions l'habitude, définis, fixés une fois pour toutes, y compris dans des traits caractériels, paranoïaques ou ce que l'on voudra, mais au contraire à des sujets flexibles, et parfaitement capables de se modifier, de se déplacer, de changer, d'entreprendre des carrières ou des expériences diverses.

Le sujet a ainsi perdu la place d'où il pouvait faire opposition, d'où il pouvait dire : « Non ! Je ne veux pas », d'où il pouvait s'insurger : « Les conditions qui me sont faites, ne sont pas acceptables pour moi, je ne marche pas. » Ce sujet-là manque en tout cas de ce qui était la place d'où pouvait surgir la contradiction, le fait de pouvoir dire non.

Or, aujourd'hui, le fonctionnement social se caractérise par ceci, que ceux qui disent « Non! » le font en général pour des raisons catégorielles, ou corporatistes. La position éthique traditionnelle, métaphysique, politique, qui permettait à un sujet d'orienter sa pensée face au jeu social, face au fonctionnement de la Cité, eh bien, ce lieu semble remarquablement faire défaut.

J.-P. LEBRUN : Vous évoquez des sujets flexibles, c'est-à-dire des sujets qui n'ont plus d'assise...

CH. MELMAN : Dans la mesure où ils ne disposent plus de ce lieu, justement, ils sont capables de se prêter à toute une série de domiciliations. Ce sont devenus d'étranges locataires capables d'habiter des positions *a priori* parfaitement contradictoires et hétérogènes entre elles, aussi bien dans les modes de pensée que dans les choix de partenaires – y compris s'agissant de sexe du partenaire ou de sa propre identité. Car au fond, pourquoi serions-nous condamnés, par notre naissance, à un parcours déterminé, à l'image de celui des astres, une fois pour toutes? Pourquoi n'aurions-nous pas un parcours non seulement en zigzag mais éventuellement autorisant des ruptures, des hiatus, des changements de direction, plusieurs vies en une, et plusieurs personnalités différentes?

La déprime pour tous

J.-P. LEBRUN : Et au niveau du moi?

CH. MELMAN : Au niveau du moi, et cela concerne plus directement ou plus immédiatement notre clinique de psychanalystes, c'est évidemment la validité de la présence au monde de chacun qui se trouve discutée, discutable, puisqu'elle ne serait vérifiée qu'en tant qu'on est performant, c'est-à-dire en tant que la participation au jeu social ou à l'activité économique se trouve effectivement reconnue. Faute du repère, du référent – qu'il soit ancestral ou autre, peu importe – qui permet au sujet d'affirmer sa validité et sa tenue, son tonus, en dépit des avatars de son destin social, cette reconnaissance vient évidemment à manquer. Du même coup, le sujet, ou plutôt le moi, se trouve exposé, fragile, à la dépression, puisque son tonus n'est plus maintenant organisé, garanti par une sorte de référence fixe, stable, assurée, un nom propre, mais a besoin sans cesse d'être confirmé. Les aléas inévitables de ce parcours font que, très facilement, le moi peut s'en trouver dégonflé, en chute libre, et donc exposé à ce à quoi nous avons tous affaire, la fréquence des états dépressifs divers.

J.-P. LEBRUN : La fameuse dépression généralisée, *La Fatigue d'être soi* dont parle le sociologue Alain Ehrenberg [1] ?

CH. MELMAN : Si vous voulez. Le tonus s'entretient normalement grâce à la relation à une instance dont la bienveillance peut paraître garantie, assurée. S'il n'y a plus d'instance idéale, votre tonus dépendra de l'aléatoire, des circonstances. Autrement dit, selon que votre travail, vos relations, les situations, les bénéfices, tout ce que vous voudrez, sont satisfaisants, vous pouvez vous penser favorisé par une instance qui pourtant n'existe plus. Mais il suffit que les résultats soient plus complexes pour qu'aussitôt vous vous viviez comme désavoué et venant à manquer de tout. Ce qui devient le support du moi n'est plus la référence idéale, c'est la référence objectale. Et l'objet *, lui,

1. Alain Ehrenberg, *La Fatigue d'être soi, dépression et société*, Paris, Odile Jacob, 1998.

contrairement à l'idéal *, pour être convaincu, demande qu'on ne cesse de le satisfaire.

J.-P. LEBRUN : Ça laisse dès lors le sujet en position bien plus difficile...

CH. MELMAN : Effectivement. Il paraît qu'il y a en France, actuellement, sur l'ensemble des gens qui viennent consulter dans les services des hôpitaux, 15 % de cas de dépression. Reste-t-il une place pour l'inconscient dans un monde où la liberté totale d'expression sur une scène illuminée de partout dispense du refoulement ? Freud aurait à se réjouir de voir s'accomplir ses recommandations hygiéniques. Pourtant, l'émergence de ce nouveau symptôme, la déprime à la place des névroses de défense, n'aurait pas manqué de retenir son attention. En effet, la carence des identifications symboliques ne laisse pour recours au sujet qu'une lutte incessante pour conserver et renouveler des insignes dont la dévaluation et le renouvellement sont aussi rapides que les évolutions de la mode, et ce, alors que lui-même est inexorablement livré au vieillissement, comme sa voiture.

J.-P. LEBRUN : S'agissant du rapport à l'objet dans cette nouvelle économie psychique, peut-on parler d'un clivage ?

CH. MELMAN : Pour maintenir néanmoins le jeu du désir, et éviter qu'il ne vienne s'écraser ou s'étouffer sur l'objet propre à le satisfaire, il n'est pas rare que cet objet se trouve dédoublé, qu'il y en ait deux. Les ménages à trois, c'est vrai, ne datent pas d'hier, mais ce n'est pas tout à fait d'eux qu'il s'agit. Ce que je veux dire, c'est que je ne pourrais me satisfaire avec un seul objet qu'en tant que l'autre viendrait à faire défaut, viendrait à me manquer – et inversement évidemment.

J.-P. LEBRUN : Ce que vous dites là a une tonalité clinique qui nous change de la dichotomie habituelle entre amour et désir...

CH. MELMAN : J'ai rencontré ce genre de patients, qui ont besoin de deux femmes pour qu'il y en ait toujours une qui puisse faire défaut : l'une introduit l'absence qui permet de désirer l'autre.

J.-P. LEBRUN : Ce n'est donc pas organisé, dites-vous, sur le modèle classique de la séparation entre amour et désir ?

CH. MELMAN : Pas sur le modèle classique, simplement pour que ce qui se passe avec l'une s'entretienne grâce à l'absence de l'autre, pour que l'une ne prenne sa valeur que du fait que l'autre fait défaut. Mais, du même coup, l'actuelle perd aussi sa valeur puisque la vraie valeur est du côté de celle qui fait défaut. Donc, nouveau changement de partenaire pour recommencer le même va-et-vient.

Ce type de dispositif paraît assez fréquent, y compris d'ailleurs pour la femme en tant qu'elle se présente elle-même comme une alternative possible face à un couple déjà constitué. Il a un effet direct, immédiat sur notre façon de penser, sur le jeu de la pensée, dans la mesure où il renouvelle les logiques traditionnelles. On voit bien que, dans ce cas, et pour parler comme les logiciens, *a* est d'une certaine manière la même chose que *non-a*, l'objet de satisfaction est identique d'une certaine manière à celui qui manque. Je ne désire ma femme, dans ce cas, que parce qu'elle peut être négativée, du fait de l'existence de ma maîtresse en l'occurence ; et inversement. Ainsi *a* = *non-a*. Il en résulte évidemment pour notre pensée ces types d'argumentation confuse que l'on retrouve dans nos journaux. On peut être frappé par le fait que les soucis logiques qui nous étaient familiers, traditionnels, ne soient plus, en quelque sorte, nécessaires. La pensée est polluée par ceu'elle se refuse à écarter et conserve dans la pure contradiction, qui homogénéise sans nul souci d'une dialectique, de ce que Hegel nommait une *Aufhebung* *.

Des lois dont nous sommes encore tributaires !

J.-P. LEBRUN : Quelles conséquences – pour reprendre encore cette question – peut avoir l'émergence de cette nouvelle économie psychique pour notre vie sociale ?

CH. MELMAN : Je ferai cette remarque qui concerne non seulement les psychiatres que nous sommes, mais aussi chacun au niveau de sa participation civique. Est-ce que le monde serait ainsi modulable à notre fantaisie, c'est-à-dire au gré de notre souhait, de notre désir légitime d'obtenir une satisfaction qui serait plus complète, plus réussie ? Et de l'obtenir d'une façon moins douloureuse, moins compliquée, moins problématique que celle résultant de notre mode d'éducation et de formation ? Est-ce que tout cela dépend en dernier ressort de notre seul bon vouloir ? Avons-nous effectivement le loisir de transformer, de modifier les lois comme nous le voulons ? Il semble suffire en effet d'une majorité parlementaire, d'un courant populaire, de modes éthiques pour qu'interdits et limites tombent – car le droit doit suivre l'évolution des mœurs – et que nous puissions, au fil de nos aspirations, nous laisser aller tranquillement à rechercher cette satisfaction.

Il ne paraît pas pourtant que nous puissions ainsi modeler le monde, comme le prêchaient certaines philosophies, l'utilitarisme de Bentham par exemple. Ainsi, nous sommes aujourd'hui pris dans une grande aspiration à ce noble idéal : l'égalité, que déjà Tocqueville dénonçait. Or, comme tous les praticiens le savent, l'égalité dans une relation, qu'elle soit d'ordre amical, sexuel, professionnel, ne peut jamais être opératoire. Nous savons par exemple que dans un couple homosexuel, pourtant fait de semblables, où l'égalité constitue éminemment un idéal, inévitablement va se produire cette sorte d'asymétrie qui fera que l'un ne sera pas à la même place que l'autre. Tout nous permet de penser que lorsque demain nous aurons affaire à des clones, il en ira de même.

La question que ce petit exemple soulève est que, quelles que soient les lois en vigueur, il y a quelque part quelque chose qui fait que des dispositions ne peuvent ainsi être franchies, simplement du fait de notre bon vouloir, de notre courage, de notre volonté. Où sont ces autres lois – la Loi * – que nous ne voyons pas, et qui cependant s'imposent à nous ? Est-ce que ce ne seraient pas ces lois qui sont le support de ce qui constitue notre humanité, de ce qui nous spécifie dans le règne animal ? Est-ce que ce ne seraient pas celles-là ?

Car il y a effectivement des lois dont nous sommes tributaires, et dont la découverte freudienne montre, notamment à travers la pratique de la psychanalyse, qu'elles sont celles du langage, en tant qu'il est bien le propre de cette espèce bizarre qui s'appelle l'espèce humaine. Nous ne pouvons pas, quelle que soit la qualité de nos vœux, en décider à notre guise.

J.-P. LEBRUN : Donc le psychanalyste est directement concerné...

CH. MELMAN : Nous serions les victimes d'une autorité impersonnelle et aveugle, condamnés à choisir entre l'existence parcimonieuse et difficile que j'évoquais et cette existence luxuriante, pour ne pas dire de luxure, qui nous semble désormais permise, à laquelle nous sommes même invités. Si nous avions à parler à cet égard d'un espoir, d'un progrès qui serait, lui, spécifiquement le fruit de notre expérience de psychanalyste et qui ne répondrait pas simplement à un souhait de la *vox populi*, si fondé soit-il, nous pourrions dire que celui-ci devrait résulter d'un travail sur ce qu'impliquent ces lois du langage, la manière dont elles s'imposent à nous, les types d'inscription dont elles nous rendent dépendants. Car ces contraintes, ces lois que jusqu'ici nous avons interprétées comme définitives peuvent déboucher sur des possibilités, des horizons, des écritures autres. C'est donc par un travail sur ce qui semble nous déterminer en dernier ressort que l'on pourrait espérer trouver des issues pour établir des rapports au monde et à soi-même qui permettent d'échapper à ce choix, à ce genre de dilemme. Ainsi serions-nous peut-être moins exposés à des revers, à des retours de flamme. Car, lorsque se produit dans une société une telle valorisation de la jouissance *, l'histoire a montré que l'on doit s'attendre à encourir des conséquences, des retours de flamme qui peuvent prendre la forme de l'instauration d'un climat et de mesures de nature autoritaire, supposés répondre là aussi à un vœu populaire.

*La castration * : nécessité ou contingence ?*

J.-P. LEBRUN : Il me semble en effet que nous touchons à la question fondamentale, avec ces lois du langage que vous évoquez. Car elles nous obligent à nous interroger sur ce qui est permanent, ce à quoi nous sommes assujettis, ce qui nous détermine. Lacan, dans sa « Note aux Italiens [1] », parlait d'*humus humain* : il y avançait que le « savoir par Freud désigné de l'inconscient, c'est ce qu'invente l'humus humain pour sa pérennité d'une génération à l'autre ». Ces lois du langage sont-elles celles de l'humus humain ? Et

1. In Jacques Lacan, *Autres Écrits*, Seuil 2001, p. 311.

parler de la limite, n'est-ce pas avant tout une autre manière de parler de la castration *?

CH. MELMAN : La castration n'est pas forcément la Loi * définitive de l'humanité. C'est pourquoi je parle de progrès, car il est bien évident que l'évolution sociale en cours participe de la recherche d'une défense contre la castration *. Nous en sommes au point où il est désormais possible de communiquer par des langages qui sont de types différents, comme celui que j'évoquais à propos d'Internet. Des langages où la valeur iconique revêt une importance majeure comme dans l'alphabet chinois ou japonais, par exemple, où un signe * peut être lu à travers soit son expression phonétique, soit son expression imagée, c'est-à-dire à travers ce qu'il désigne, ce dont il est le signe, l'objet donc dont il est le signe. Des alphabets qui fascinaient Lacan, d'ailleurs, par cette possible double lecture et par le type de culture qu'ils engendrent. Tous les Européens qui ont fréquenté le Japon ont été surpris par ce fait : on y baigne dans la jouissance *. La castration ne fonctionne manifestement pas dans l'archipel nippon sur le mode qui nous est familier.

J.-P. LEBRUN : Cela veut dire qu'elle ne fonctionne pas sur un mode qui nous est familier, ou qu'elle ne fonctionne pas du tout? Ce n'est quand même pas la même chose. Vous m'étonnez en disant que la castration pourrait n'être pas d'office...

CH. MELMAN : Non, elle n'est pas d'office, si j'ose ainsi m'exprimer.

J.-P. LEBRUN : Le fait que l'humanité soit « prise » dans le langage ne l'impose-t-il pas?

CH. MELMAN : Qu'il y ait trou de par le langage ne condamne pas forcément la créature à faire que ce trou concerne le sexe... Pourquoi serait-ce forcément celui du sexe ?

J.-P. LEBRUN : Pourriez-vous expliciter ce qu'il en est de ce trou dans le langage ?

CH. MELMAN : Le signe * renvoie à la chose. Le signifiant * ne peut que renvoyer à un autre signifiant ; c'est cette cavale du signifiant qui entretient le désir de « la chose » qui, dès lors, manque. Les êtres que nous aimons, les objets de satisfaction, sont les bouchons du « trou » ainsi ouvert dans notre monde par le langage, faute de cette « chose » dont il ne nous reste que le semblant.

J.-P. LEBRUN : Cela voudrait dire que pour la première fois nous désolidariserions trou dans le langage et différence des sexes ?

CH. MELMAN : Pour la première fois ? Peut-être pas ! On n'a pas toujours vécu comme nous vivons.

J.-P. LEBRUN : Il n'y a cependant pas de société qui se soit organisée hors la différence des sexes !

CH. MELMAN : Sans doute, mais pour d'autres raisons.

J.-P. LEBRUN : La question est pourtant centrale. À propos du mariage des homosexuels, par exemple, nous n'avons pas, nous psychanalystes, à donner un avis tranché sur la question, mais on peut comprendre qu'une société s'interroge : va-t-elle oui ou non répondre à ce genre de demande ? On peut quand même remarquer qu'aucun système social n'a jusqu'à présent fonctionné hors la prise en compte de la différence des sexes...

CH. MELMAN : La différence des sexes n'est pas forcément liée à la castration. La castration introduit dans la différence des sexes une dimension qui n'est pas nécessairement interne à la sexualité. On est là sur un terrain très incertain. La question qu'il faut soutenir est celle-ci : le fait que le signifié soit sexuel est-il un effet de notre culture, et en particulier de notre religion, ou un effet de la structure * ? J'aurais tendance à dire que c'est un effet de la religion. Mais ne divaguons pas trop, restons modestes.

J.-P. LEBRUN : Il me semble cependant que la question de l'humus humain, pour y revenir, est à mettre au travail...

CH. MELMAN : Certainement. Mais vous savez que Lacan lui-même ne faisait pas forcément de l'inconscient l'appendice inexorable de l'humus humain.

J.-P. LEBRUN : J'aurais dit cela dans l'autre sens : ce que Freud a désigné par l'inconscient, c'est la manière dont les humains s'arrangent pour transmettre le terreau qui leur est spécifique d'une génération à l'autre. Seriez-vous d'accord ?

CH. MELMAN : Oui. Ça veut dire aussi du même coup que ce n'est qu'une modalité...

J.-P. LEBRUN : D'ici à ce qu'on en trouve une autre...

CH. MELMAN : Mais je ne suis pas en train d'en chercher une autre ! En tout cas, il y a chez Lacan une formulation très étrange que j'ai déjà relevée plusieurs fois. Il a repéré dans la Bible un passage du Pentateuque où il est raconté que les Hébreux ont été mal considérés parce que, après avoir quitté je ne sais plus quelle ville, ils sont passés par une bourgade où les hommes ont forniqué avec des femmes. Et, commente Lacan : « Je me demande si ce qui était dénoncé là n'était pas justement la possibilité d'un rapport sexuel? » De son assertion « il n'y a pas de rapport sexuel * », il ne faisait absolument pas une espèce de fatalité! Il repérait là d'abord que le rapport sexuel peut exister, ensuite qu'il faudrait donc incriminer le monothéisme dans cette cassure. Cela nous amène à supposer un temps où la castration n'était pas garante du désir et où le discours n'était pas du semblant [1], où il n'y aurait pas eu semblant * d'homme, semblant de femme.

J.-P. LEBRUN : Vous êtes encore plus subversif, là...

CH. MELMAN : Vous savez, d'autres l'ont dit il y a bien longtemps.

J.-P. LEBRUN : Mais je reste avec une difficulté. Vous évoquez très bien en quoi l'évolution actuelle peut être considérée comme un progrès, mais, j'insiste, en même temps, tout cela semble nous mener à une série impressionnante d'impasses...

CH. MELMAN : Parce que vous voudriez justement, et c'est ce qui est sympathique, qu'on puisse se prononcer clairement sur ce qui est le bien, sur ce qui est le mal. Évidemment je schématise un peu. Là n'est pas la question. C'est comme cela!

1. Cela renvoie à l'intitulé du séminaire de Lacan : « D'un discours qui ne serait pas du semblant », *Le Séminaire*, livre XVIII, 1970-71, inédit.

Des effets cliniques

J.-P. LEBRUN : Au fond, pourquoi la clinique que vous évoquez ne pourrait-elle pas se résumer à une névrose banale ? Ne pourrait-on pas, par exemple, évoquer l'obsessionnel ? Pourquoi ne pourrait-on parler ici d'effet d'une obsessionnalisation massive de la société ?

CH. MELMAN : Je ne pense pas que nous soyons dans une situation d'obsessionnalisation massive. Le désir, l'obsessionnel cherche toujours à le dissimuler, alors qu'aujourd'hui on le fait apparaître sur la scène publique. Je ne souscrirais pas à ce diagnostic.

J.-P. LEBRUN : La nouvelle économie psychique ne vous paraît pas avoir partie liée avec la névrose obsessionnelle ? On a beaucoup parlé, pourtant, de désexualisation...

CH. MELMAN : La névrose obsessionnelle est organisée autour du souci d'annuler le sexuel. La nouvelle économie psychique, au contraire, en fait une marchandise parmi les autres.

J.-P. LEBRUN : Et nous sommes confrontés, nous psychanalystes, aux effets cliniques de ce type de fonctionnement...

CH. MELMAN : Des effets cliniques qui en ont remplacé d'autres, qui apparaissent à la place d'autres ! On éprouve aujourd'hui beaucoup moins de culpabilité, par exemple...

J.-P. LEBRUN : Il n'y en a parfois pas du tout !

CH. MELMAN : Et il y a beaucoup moins de frigidités. Quand j'ai commencé, l'un des grands thèmes pour la psychanalyse, c'était la frigidité féminine. Elle existe encore, mais c'est devenu plus rare.

J.-P. LEBRUN : Vous avez évoqué ce jeune couple qui passe son temps à essayer de trouver les repères à partir desquels l'un et l'autre pourraient s'estimer plus justement reconnus. C'est un effet de la mutation dont nous parlons, évidemment !

CH. MELMAN : C'est un effet.

J.-P. LEBRUN : La question est de savoir s'il est possible de revenir en arrière, d'éviter d'avoir à payer le prix de ces impasses. Il n'est pas sûr que ce soit possible pour ceux qui se sont déjà engagés dans ce processus de mutation...

CH. MELMAN : Non. Ce n'est pas possible.

J.-P. LEBRUN : Donc ils vont quand même devoir y consacrer cette attention, ce temps qui, dites-vous, est de peu d'intérêt...

CH. MELMAN : Absolument. Vous savez, comme le faisait remarquer Lacan à propos du progrès, tout ce qui est gagné d'un côté se paie d'un autre. Je connais bon nombre de couples qui passent littéralement tout leur temps à mettre constamment en cause le devoir réciproque de l'un et de l'autre.

J.-P. LEBRUN : Dans un autre registre, c'est aussi ce dont les enseignants se plaignent. Ils disent passer 90 % de leur temps à négocier et qu'il ne leur en reste que 10 % pour enseigner.

CH. MELMAN : En tout cas, ces couples passent leur temps à négocier. Ils sont devenus des négociateurs.

J.-P. LEBRUN : Ce qu'on appelle la médiation, terme devenu si banal, c'est ça ?

CH. MELMAN : C'est ça ! Tout à fait. Il y aura bientôt partout des juges médiateurs, parce qu'un nouveau code de la famille sera élaboré. Alors les couples consulteront pour résoudre des questions du type : « Voyons, est-ce qu'il est normal que moi je passe une demi-heure à laver la vaisselle alors que l'autre n'y passe qu'un quart d'heure ? »

II

Une perversion généralisée

J.-P. LEBRUN : Nous avons fait un premier tour de la question pour décrire cette émergence de la nouvelle économie psychique. Nous pourrions maintenant essayer d'affiner le trait. Vous avez dit que nous étions passés d'une culture fondée sur le refoulement, et donc sur la névrose, à une culture qui promeut plutôt la perversion. Mais qu'entendez-vous en ce cas par perversion ?

CH. MELMAN : Nous pourrions dire que notre désir est fondamentalement pervers en tant qu'il est organisé par un état de dépendance à l'endroit d'un objet dont la saisie réelle ou imaginaire assure la jouissance. Cette saisie est réelle pour la femme via le pénis de l'homme, imaginaire pour celui-ci par l'intermédiaire du corps de la femme. Si nous comprenons avec difficulté les perversions, c'est parce que nous sommes tous, de fait, normalement concernés de très près par celles-ci. Nous ne saisissons néanmoins pas très bien ce qui fait qu'en tant que névrosés, nous ne soyons pas pour autant pervers, même si nous sommes facilement fascinés par la perversion. La différence tient en ceci : pour le névrosé tout objet se présente sur fond d'absence, c'est ce que les psychanalystes appellent la castration *. Le pervers, quant à lui, va mettre l'accent exclusivement sur la saisie de cet objet, il refuse en quelque sorte de périodiquement l'abandonner. Et il entre de ce fait dans une économie qui va le plonger dans une forme de dépendance vis-à-vis de cet objet, différente de celle que connaît le « normal », autrement dit le névrosé.

C'est à cause de la castration que le monde des objets vaut pour nous névrosés, c'est-à-dire que tout objet évoque pour nous l'instance phallique * qu'il représente mais dont il n'épuise ni la présence ni la réalité. C'est ainsi que, pour un homme, une femme prend son prix du fait qu'elle est le support de cette instance phallique. Ce qui renvoie à tout ce qui a été très bien dit sur la féminité comme mascarade, par exemple. C'est ce qui interroge beaucoup les femmes sur ce qui fait leur prix pour un homme. On sait qu'elles se demandent volontiers ce qu'un homme leur veut, ce qu'il leur trouve. Une femme, quant à elle, a un accès plus direct à l'objet réel, c'est-à-dire au pénis, même s'il n'est là qu'à titre représentatif, si je puis dire, de ce phallus qui fonctionne dans l'inconscient.

Autrement dit, pour les névrosés, tous les objets se détachent sur fond d'absence. Mais les pervers, quant à eux, se trouvent pris dans un mécanisme où ce qui organise la jouissance * est la saisie de ce qui normalement échappe. Ils s'engagent de ce fait dans une économie singulière, ils entrent dans une dialectique, très monotone, de présence de l'objet * en tant que total – l'objet absolu, l'objet vrai, véritable – et puis de son manque, de son absence. C'est : ou bien la présence totale de l'objet ou bien son absence. Et c'est cette économie de son organisation libidinale qui règle la vie du pervers, quelle que soit sa perversion.

La perversion s'est donc régulièrement distinguée par le fait d'organiser le rapport à l'autre directement, ouvertement, et de façon provocatrice, autour et à propos de l'objet – disons pour faire simple, le phallus – qui est conventionnellement interdit. Autrement dit, il s'agit d'exhiber en permanence ce qui ordinairement se trouve masqué, réservé, par exemple au moment de l'effusion amoureuse, et de faire en sorte que, d'emblée, l'interlocuteur soit invité à la jouissance explicite, partagée de cet objet. Or, il semble bien que ce soit devenu, aujourd'hui, un, voire le comportement ordinaire. Ce dispositif participe de ce qui alimente l'économie de marché, c'est-à-dire la constitution de communautés qui se regroupent autour du même objet explicite de satisfaction.

J.-P. LEBRUN : On vient de parler de cet objet qui doit être présent à tout prix. Serait-ce cette présence à tout prix qui viendrait aujourd'hui écraser ce que vous avez repéré par exemple comme le lieu du sacré ?

CH. MELMAN : Je le dirais un peu différemment. Cet objet n'est en général que simplement évoqué. L'effusion amoureuse est susceptible de provoquer une approche de cet objet, mais celui-ci reste néanmoins ordinairement voilé et énigmatique. Il continue d'être réel *, donc hors du champ de la réalité. La mutation à laquelle nous assistons se manifeste par son exhibition impudique. Impudique non pas au sens moral, mais au sens clinique et physiologique. Autrement dit, l'objet bascule, il est aujourd'hui présent dans le champ de la réalité.

J.-P. LEBRUN : Vous mettez donc cet objet, dans cette nouvelle économie, dans une position inverse de celle qu'il occupe dans le refoulement ?

CH. MELMAN : Le refoulement est alimenté, entretenu par ce qui est au départ un refoulement originaire *, lui-même organisé par la chute, par la disparition, par l'éclipse de cet objet.

J.-P. LEBRUN : Donc c'est bien une sorte d'inversion, une manière de ne plus laisser exister la dimension de la perte...

CH. MELMAN : Ce n'est pas tout à fait une inversion. Parce qu'une inversion supposerait le renversement d'une position naturelle préalable. Or, dans la perversion, cet objet n'acquiert son prix que parce qu'il y a d'abord eu disparition. Il ne s'agit pas d'une inversion, mais d'un phénomène original d'annulation, ou plutôt de défi. Défi vis-à-vis de ce qui organisait les convenances sociales autour de l'éjection de cet objet du champ de la réalité.

J.-P. LEBRUN : Défi, c'est proche de déni. Ne peut-on pas évoquer cette dimension-là ?

CH. MELMAN : Je ne crois pas qu'il s'agisse d'un déni, car il est clair que, s'il n'y avait pas cette opération qui se veut transgressive, cet objet perdrait son prix. Il faut qu'il conserve cette part de péché originel qui le constitue, si je puis m'exprimer ainsi. Dans la perversion, s'il n'y avait plus l'occasion d'être dans le péché, du même coup cet objet perdrait de son intérêt. L'objet doit garder son caractère originel, marqué d'absence et d'éclipse, l'opération perverse permettant en quelque sorte de défier cette absence et cette éclipse. Et elle doit montrer qu'après tout on peut parfaitement se soutenir d'une jouissance * qui ne serait plus faite seulement de l'approche de cet objet, mais bien de sa manipulation. Autrement dit, le pervers adore la Loi * !

Le devenir des « usagés »

J.-P. LEBRUN : Quand vous parlez de perversion, voulez-vous dire que nous sommes tous en train de devenir pervers ? Que la perversion se présente désormais comme un idéal ? Est-ce dans ce sens-là que vous l'évoquez ?

CH. MELMAN : Absolument ! La perversion devient une norme sociale. Je ne parle pas ici de la perversion avec sa connotation morale, ce n'est pas du tout de cela qu'il est question, mais de la perversion avec une connotation clinique fondée sur l'économie libidinale que nous venons de décrire. Elle est aujourd'hui au principe des relations sociales, à travers la façon de se servir du partenaire comme d'un objet que l'on jette dès qu'on l'estime insuffisant. La société va inévitablement être amenée à traiter ses membres de la sorte, non seulement dans le cadre des relations de travail, mais en toutes circonstances. Car son organisation même en dépendra. Le problème de la prolongation de l'existence, par exemple, va poser des questions qu'il faudra résoudre. La masse des vieux coûtera cher à toute une génération. Et celle-ci devra trouver le moyen, avec des apparences honnêtes, de régler ce problème, c'est-à-dire de jeter ce qui, après avoir servi, est devenu usagé, source de dépenses sans contrepartie.

J.-P. LEBRUN : Ce sera bien une question d'usagé : celle des « usagés » du social...

CH. MELMAN : Je vois très bien se profiler cette perspective : les compagnies d'assurances versant des primes aux personnes âgées qui auront souscrit des polices afin qu'elles servent à assurer un héritage à leur descendance, moyennant euthanasie pour raccourcir un parcours socialement onéreux. Le dire comme cela paraît abominable et monstrueux. Mais on voit régulièrement des choses semblables se passer. Alors pourquoi pas celle-là ? On développera toutes les argumentations et les théories nécessaires pour justifier l'affaire. Il y aura même des volontaires, il y en a d'ailleurs déjà. Alors on commencera par accepter, légaliser l'euthanasie, et puis à partir de là...

J.-P. LEBRUN : Vous liez étroitement la façon dont la société s'organise, son économie au sens le plus basique du terme, et la nouvelle économie psychique. Ce lien est-il direct, fondamental ?

CH. MELMAN : Mais parce qu'il s'agit en quelque sorte d'une nouvelle relation à l'objet, qui fait que celui-ci vaut non pas par ce qu'il représente, par ce dont il est le représentant, mais par ce qu'il est. La représentation, jusqu'ici, est normalement acquise une fois pour toutes : vous êtes un homme, ou une femme, vous avez cette dignité d'homme ou de femme quel que soit votre âge. Dans certaines cultures, cette représentation se renforce même avec l'âge puisqu'on est supposé gagner en sagesse, en savoir et en expérience quand on devient un vieux. Et puis vous avez une autre relation, qui est fondée non plus sur la représentation mais sur l'être de l'objet. Cet objet ne vaut que tant que son être est source de bénéfices. Dès qu'il se révélera défectueux, il s'imposera comme un objet totalement dévalorisé devant être envoyé à la casse.

J.-P. LEBRUN : Peut-on invoquer une coexistence possible des deux régimes, celui de l'être et celui de la représentation ? Ou au contraire êtes-vous là en train de prédire une organisation générale de la société autour de cette prévalence de l'être ?

CH. MELMAN : Pour le moment, tout semble aller dans ce sens. Est-ce qu'il y aura cependant des retours en arrière ? C'est difficile à prévoir, parce que cette situation que nous vivons est sans précédent. Tout ce que nous évoquons n'a rien à voir avec ce que pouvait être la vie érotique des Grecs et des Romains. Lorsque Socrate rencontre tel ami et que celui-ci lui demande : « Alors, est-ce que tu as bien baisé avec machin l'autre jour... », ça fait partie du discours social ou philosophique ordinaire. On ne repère là aucunement les traits d'une perversion. Il s'agit en l'occurrence d'une vie sexuelle organisée de façon totalement différente. Ce que nous vivons aujourd'hui – je le dis encore une fois – est inédit et nul ne saurait donc prédire s'il y aura ou non un retour radical à l'ordre moral.

Aux États-Unis, c'est frappant, les Américains ont voté pour un président qui est censé – à tort – représenter cet ordre moral. Mais cela paraît relever de la consolation ou de l'alibi face à une évolution inéluctable plutôt que d'un véritable espoir d'aboutir à un réarmement moral efficace de la société. Il y a, d'une part, un pouvoir supposé être le gardien de l'ordre moral, qui d'ailleurs vote des lois qui y contribuent, et d'autre part la société qui, de fait, poursuit son parcours dans le sens évoqué.

J.-P. LEBRUN : On en revient une nouvelle fois à ce que je vous faisais remarquer. D'un côté, vous parlez de progrès, et de l'autre vous laissez entendre que les difficultés à venir sont considérables. Je prolonge ma question : est-ce que cette évolution ne dépend de personne ou, au contraire, dépend-elle de nous ? J'ai l'impression que vous nous décrivez là un processus dont nul ne peut être accusé de porter la responsabilité...

CH. MELMAN : Le processus ne dépend de personne, autrement dit d'aucune idéologie. Il dépend uniquement des peuples dont l'expansion économique, accélérée, magnifique, mondialisée, a besoin pour se nourrir de voir se rompre les timidités, les pudeurs, les barrières morales, les interdits. Cela, afin de créer des populations de consommateurs, avides de jouissance parfaite, sans limite et addictives. On est désormais en état d'addiction à l'endroit des objets.

J.-P. LEBRUN : Vous évoquez l'addiction, la consommation. Donc aussi bien la publicité ?

CH. MELMAN : On m'a parlé d'une affiche publicitaire pour une marque de chaussures. Elle représente un homme nu, avec au pied une chaussure de femme. Superbe, cette inventivité de la part du publicitaire. Mais il est bien évident que s'il a eu cette idée, si c'est un argument de vente, c'est que cette idée évoque ce qui était déjà là. À la fois il anticipe et il ne fait que reprendre ce qui est déjà là, potentiel, virtuel. Vous voyez de quelle manière la perversité s'affiche directement sur nos murs, sans qu'il y ait de forçage.

Un autre exemple ? La SNCF, une entreprise encore nationalisée en France, a organisé une campagne publicitaire pour les trains. Elle vantait le fait qu'un voyageur voie, chaque jour à 7 h 32, par la fenêtre de son wagon, une femme chez elle, dans son intimité. Là encore, quel est l'argument de vente ? On pourrait dire que la métaphore du voyage, du déplacement, est ramenée à son sens à la fois le plus essentiel et le plus primitif, c'est-à-dire non seulement celui du voyage sexuel mais celui de la promesse : le train comme promesse de rencontre sexuelle. Nos parents, nos grands-parents l'auraient rêvé mais non pas conçu. Une étude réalisée par des gens compétents sur la fantasmagorie propre au train dans l'inconscient amène à son exploitation sans fard ; c'est ça le problème ! Vous ne pouvez plus fantasmer sur le train une fois que le fantasme – au sens le plus courant du terme – est là, mis sur l'affiche. Il y a sûrement des tas de gens qui ont pris le train en y voyant une possibilité de rencontre, de déplacement justement, en se disant qu'ils seront autres à l'occasion de ce voyage et qu'ils croiseront des gens eux-mêmes autres, éloignés de leur petit sol familier... Mais avec cela sur l'affiche, le fantasme est mort.

Une économie du signe

J.-P. LEBRUN : Il s'agirait donc d'une économie du signe *, et non plus du langage, du signifiant *. Le signe, on l'a dit, renvoie à la chose, alors que le signifiant renvoie à un autre signifiant. Le mot qui fait signe renvoie directement à ce qui est désigné alors que le mot comme signifiant renvoie sans cesse à un autre mot. Pouvez-vous en dire un peu plus sur cette économie du signe dans laquelle nous serions en train de glisser?

CH. MELMAN : L'exemple de cet homme nu avec au pied une chaussure de femme nous montre de quelle façon une affiche peut renvoyer de façon directe au phallus, et à une idée d'un échange transsexuel possible. Autrement dit, l'homme sera une belle femme et la belle femme qui portera cette chaussure sera aussi bien un homme. La représentation est devenue le signe de l'objet plus que sa métaphore.

J.-P. LEBRUN : La première fois que je vous ai entendu dire cela, c'était à propos des toxicomanes [1]. Vous disiez que le toxicomane quittait, sans le savoir, une économie psychique pour une autre. Que cette économie psychique qu'il quittait, c'était l'économie propre au langage, celle qui était mise en place par le langage, et qu'il la quittait pour une économie régie par le signe. Et que c'était cette mutation qui allait le rendre étranger au lien social, dans la mesure où c'est le discours, c'est-à-dire ce qui est soutenu par le langage, qui établit le lien social.

1. *Cf.* Charles Melman : « Évaluation de l'action des drogues » in *Le Trimestre psychanalytique*, n° 2, 1997, numéro consacré aux actes des journées « Toxicomanies, les psychanalystes et la méthode chimique », organisées par l'Association freudienne internationale.

CH. MELMAN : Ce qu'on appelle, du point de vue psychique, la pauvreté des toxicomanes tient, en effet, à ce que les métaphores et les métonymies chez eux ne fonctionnent plus. On est dans un langage qui est un langage de signes. Tout y fait signe.

J.-P. LEBRUN : Autrement dit, tout renvoie justement à cet objet sur lequel on pense pouvoir mettre la main...

CH. MELMAN : Exactement ! Les couleurs avec lesquelles on voit le monde sont dépendantes de ceci : l'objet est là ou n'est pas là. L'adresse à autrui est également liée à cet objet qu'on partage, qui est présent ou qui est absent. Le langage du roman moderne à succès est un langage volontairement pauvre ; il n'y a là pourtant ni pauvreté intellectuelle ni indigence d'écriture, mais la volonté de s'exprimer à travers un langage uniquement basique, supposé direct.

Le double usage du pharmakon

J.-P. LEBRUN : Vous avez un jour énoncé l'idée, c'était à Bruxelles je crois, lors d'une intervention aux Communautés européennes [1], que la toxicomanie telle que nous la connaissons aujourd'hui trouvait son origine dans la maîtrise de la fertilité. Certains ont trouvé le raccourci scandaleux, mais, avec ce que vous dites là, peut-être pourriez-vous y revenir ?

CH. MELMAN : Il y a ce très beau concept ancien, que notre pharmacopée a évidemment oublié, le *pharmakon*, sur lequel Jacques Derrida a d'ailleurs écrit un très bel

1. *Cf.* C. Melman, « La toxicomanie, une étude psychanalytique », in *Le Discours psychanalytique*, n° 6, octobre 1991.

article [1]. Avec le *pharmakon*, ce qui était pensé, c'est qu'il y a toujours un objet – ou plusieurs – susceptible de guérir une maladie et qui, en même temps, est un poison. Autrement dit, l'objet susceptible de guérir notre insatisfaction – insatisfaction aussi bien vis-à-vis du monde que de soi-même – est aussi un poison. Il suffit de se rappeler ce concept pour s'interroger sur la place de la drogue : médicament absolu qui guérit de tous les maux – l'opium ou la morphine sont des remèdes que de grandes cultures ont utilisés – et qui tout autant nous dispense de l'existence. Se droguer, c'est expérimenter une espèce de mort. Ou plutôt les drogués sont des morts vivants, ou des vivants morts.

J.-P. LEBRUN : Ce qui revient à dire que le fonctionnement du désir humain n'est pas congruent avec le confort, avec la recherche du confort...

CH. MELMAN : Vous êtes aimable de me le rappeler, mais je crois que c'est une évidence, voire une banalité qu'il est facile de vérifier. En se déplaçant dans n'importe quelle région, on voit très bien comment les existences ont cherché à s'organiser dans une sorte de clôture confortable, avec la petite maison bien protégée, bien chauffée, à l'abri, à l'écart, avec un rapport à l'autre, je ne dirais pas qui est établi une fois pour toutes, mais où finalement la relation sexuelle devient parfaitement secondaire. En revanche, le désir c'est l'inconfort maximum. S'il n'y a pas d'inconfort, il n'y a pas de désir. L'inconfort, cela veut dire qu'il n'y a pas ce qu'il faut, que ce n'est pas comme il faut...

J.-P. LEBRUN : On rejoint cet objet qui manque...

1. J. Derrida, « La pharmacie de Platon », *Tel Quel*, n° 32 et 33, 1968. Cet article a été repris dans *La Dissémination*, Seuil, Paris, collection Tel Quel, 1972, p. 69-198.

CH. MELMAN : On ne le rejoint pas, mais, en tout cas, on est mis en tension justement par ce qui dérange. Alors que toute l'organisation humaine est faite pour réaliser l'entropie maximum. Il est clair que la promotion moderne du confort, encouragée par la science et potentialisée par l'économie de marché, est une défense contre le désir, car c'est lui qui dérange et crée le plus grand inconfort. Le désir est ce grand tourmenteur qui ne laisse pas en repos, oblige à travailler, à courir, à déplacer, à enfreindre, à peiner, etc. Bref, à vivre. Le confort, lui, est partisan de la sédation, de l'immobilité, de l'immuabilité et substitue le décubitus à la verticalité dans un silence qui préfigure la mort à la place du vacarme de l'existence.

Comment sortir de l'adolescence?

J.-P. LEBRUN : Vous semblez avancer que dans cette nouvelle économie psychique, l'impératif d'entropie est plus intense, plus exigeant, et qu'il n'est pas à la même place que dans un cadre social organisé par le refoulement. Si je rappelais l'inconfort du désir, c'est pour que vous puissiez peut-être vous interroger à propos de l'adolescence, qui n'a pas toujours représenté un grand chapitre de notre histoire individuelle, comme aujourd'hui. L'adolescence, ce n'est au fond que ce long temps pendant lequel le sujet passe de l'enfance à l'âge adulte. Dans le dernier livre de Houellebecq, *Plateforme*, les premières pages commencent par : « Mon père est mort il y a un an... on ne devient jamais *réellement* adulte [1]. » L'adolescence, c'est justement ce temps où celui qui n'est pas encore vraiment sujet va

1. Le texte complet est : « Mon père est mort il y a un an. Je ne crois pas à cette théorie selon laquelle on devient *réellement adulte* à la mort de ses parents; on ne devient jamais *réellement* adulte... », in Michel Houellebecq, *Plateforme*, Flammarion 2001, p. 11.

consentir à occuper – ou au contraire refuser d'occuper – sa place de sujet et assumer son désir. La nouvelle économie psychique risque, d'après ce que vous dites, d'avoir pour conséquence qu'il sera plus difficile de trouver sa place de sujet. A-t-elle déjà une influence notable sur la subjectivation ?

CH. MELMAN : Absolument, tout ce dont on parle ici joue sur la subjectivation. Non seulement l'adolescent a de la peine à se trouver comme sujet, mais souvent il ne trouve rien. Il y a aujourd'hui un conformisme des tenues, des vêtements, mais aussi des propos, chez les adolescents, qui mériterait toute notre attention. J'ai vu très récemment une jeune fille qui n'est plus tout à fait adolescente, elle a vingt-deux ans, mais dont l'existence était vraiment le reflet typique de ce que nous évoquons...

J.-P. LEBRUN : Peut-être qu'à vingt-deux ans, aujourd'hui, on peut encore très bien être adolescent...

CH. MELMAN : Je veux dire qu'elle ne fait rien, elle n'a le souci de rien. Ni en ce qui concerne son insertion sociale, ni en ce qui concerne son avenir privé ou professionnel, ni même son présent. Elle vit dans un studio, où elle dort pendant la journée ; le soir, elle sort en boîte, dans un état d'incurie complet, avec des épisodes de déréalisation, mais elle ne se plaint de rien. C'est sa mère qui me l'a amenée, avec une histoire de viol qui s'est révélée une fabulation. Ce qui fait qu'elle a été poursuivie pour avoir abusé de la justice. Lorsqu'on la voit, c'est une fille belle, franche, sans trouble psychique apparent, et cependant son état est grave.

J.-P. LEBRUN : Ce tableau que vous décrivez est aujourd'hui loin d'être rare.

CH. MELMAN : C'est ce que j'ai dit à sa mère. Vous m'interrogiez tout à l'heure sur la pilule. La pilule est une façon de déconnecter le sexuel et l'engendrement de l'enfant. L'enfant, s'il est né ainsi, programmé, ne doit rien à personne, pas même à ses parents, puisqu'il est le produit d'un arrangement. Cette fille ne doit rien à personne. Or le problème de la dette symbolique * aujourd'hui, par une opération intéressante, c'est qu'elle se renverse, le débiteur devenant créditeur. On connaît l'exemple de ces malheureux pays du tiers-monde dont les gouvernements, ne pouvant payer la dette, sont obligés de chercher des crédits supplémentaires pour réussir un tant soit peu à rembourser quelque chose ! Cette gamine, c'était exactement ça... D'abord elle ne devait rien à personne, si ce n'est qu'elle avait eu le mois précédent une facture pour son téléphone portable de huit mille euros. Ce qui veut dire qu'elle avait dû parler toute la journée – et ce n'est pas une exagération – sur son portable, et que si sa mère n'avait pas payé la note, elle se serait retrouvée en prison ! Elle se mettait dans la position où, faute d'un don, elle risquait de mourir dans sa chambre. Elle n'irait même pas se prostituer, parce que se prostituer serait entrer dans un mécanisme d'échange. Or, elle n'était dans aucun mécanisme d'échange véritable. La dette de départ, la dette symbolique, était complètement annulée. Elle savait ce qu'était le partage, mais pas l'échange. Et quand je lui ai dit : « Mais vous allez en boîte, ça coûte de l'argent... », elle m'a répondu : « On rentre par des amis, on ne paye pas... » « Et ensuite, vous rentrez à la maison, vous mangez quand même ? » « Oh, dans la journée, je dors... je mange un œuf, un peu de pain quand j'en ai... » C'est pourquoi je dis que c'est quelque chose de grave.

J.-P. LEBRUN : Ici, vous faites émerger – et je ne sais pas comment il faudrait l'appeler – la catégorie clinique nouvelle de ces jeunes à qui, en fin de compte, tout est dû...

CH. MELMAN : C'est ce qu'on appelait autrefois les psychopathies.

J.-P. LEBRUN : Dans ces cas, il n'y a évidemment aucune demande. Et à la demande qui n'est pas là vient se substituer l'étalement d'une jouissance *...

CH. MELMAN : Je ne sais même pas si c'est une jouissance !

J.-P. LEBRUN : Vous n'appelleriez pas cela une jouissance ? Vous ne pensez pas que cela renvoie à la jouissance que Lacan appelle la jouissance Autre * ?

CH. MELMAN : Autrefois il y avait cette distinction entre objet partiel – oral, anal... – et objet sexuel, et aussi bien entre jouissance partielle et jouissance sexuelle, dite jouissance phallique *. Ces jouissances qu'on évoque ne sont pas des jouissances partielles car elles ne font plus partie d'une totalité organisée. Ce sont des jouissances indépendantes et locales, libres, anarchiques en quelque sorte. C'est l'effet d'une déconnexion d'avec ce qu'on appelle – et qui est très important – le bon sens. De fait, cette jeune fille, rien ne l'intéresse spécialement, elle ne lit rien, elle ne voit rien, elle ne fait rien...

J.-P. LEBRUN : C'est désarticulé de la jouissance phallique, je l'entends bien. Mais n'est-ce pas pour autant qualifiable de jouissance Autre ?

CH. MELMAN : Je ne le pense pas, parce que la jouissance Autre est mise en place par la castration *. Il faut qu'il y ait castration pour qu'on puisse évoquer la dimension Autre *. Pas de jouissance * Autre sans couplage avec la jouissance phallique. Dans le cas présent, il s'agit d'une déconnexion vis-à-vis de la jouissance phallique, de telle sorte que la jouissance ici concernée ne fonctionne plus en solidarité et ne saurait donc être référée à l'Autre.

J.-P. LEBRUN : Elle s'est autonomisée.

CH. MELMAN : Voilà ! On ne peut donc pas parler de jouissance Autre. Ce qui serait déjà la localiser dans l'espace, la borner.

J.-P. LEBRUN : Vous parlez de quelque chose de très lourd cliniquement, mais dont on voit bien que c'est très présent – heureusement de manière moins grave – chez beaucoup d'adolescents. Comment envisagez-vous cela ? Comme une sorte de défense de l'adolescent face à un monde qui lui paraît sans intérêt ? Ou plutôt comme une capacité d'investissement qu'il n'a pas pu acquérir, mettre en place, étant donné son histoire ? Ce qui fait que, du coup, il ne lui est pas possible d'adhérer au système de la dette et de l'échange ?

CH. MELMAN : J'appellerai cela une carence de la dimension subjective.

J.-P. LEBRUN : Vous diriez que de la même façon qu'il y avait auparavant des carences en soins infantiles, il y aurait aujourd'hui des carences en symbolisation ?

CH. MELMAN : On peut le dire ainsi. Des carences concernant la dette symbolique à l'égard de l'Autre *.

J.-P. LEBRUN : Mais quand vous dites que l'on ne parvient pas – ou plus – à réaliser l'opération de subjectivation, n'est-ce pas un propos pessimiste ? Il y a quand même encore pas mal de gens qui, manifestement, y arrivent encore...

CH. MELMAN : Est-ce qu'ils y arrivent ? Je l'espère... On a souvent affaire à des subjectivités organisées davantage par la participation à une hystérie collective * que par une détermination singulière.

J.-P. LEBRUN : Cela rejoint en tout cas cette idée que vous évoquiez à l'instant : pas de bon sens, pas d'amarrage dans la dette, et aussi pas d'inscription dans le corps...

CH. MELMAN : Pas d'inscription symbolique dans le corps, en effet, d'où évidemment la popularité des techniques de piercing, de tatouage.

J.-P. LEBRUN : Ce sont des tentatives d'inscrire ce qui, au fond, n'a pas été inscrit pour que cela puisse faire amarre, prise...

CH. MELMAN : Oui, absolument. J'ai entendu récemment un évêque anglican venu parler de la situation à Belfast. Vous auriez pensé qu'il disait exactement la même chose que nous. Il est évident que ça nous interroge en retour : ces appréciations que nous portons renverraient-elles à une position qui serait fondamentalement religieuse ? La réponse que nous, psychanalystes, pouvons apporter, c'est qu'il n'est pas nécessaire d'être religieux pour respecter l'ordre qui nous détermine, bien que certains aient besoin de cette référence. On peut respecter cet ordre simplement en sachant que ne pas le respecter, c'est sombrer dans la barbarie. Ce qu'on appelle barbarie peut relever d'une définition très stricte, très rigoureuse, ce n'est pas simplement une métaphore pour désigner vaguement l'étranger ou le « Barbaros », celui qui faisait simplement Bar-bar-bar ! La barbarie consiste en une relation sociale organisée par un pouvoir non plus symbolique mais réel. À partir du moment où le pouvoir qui est établi s'appuie sur – a pour référence – sa propre force, et ne cherche à défendre et à protéger rien d'autre que son existence en tant que pouvoir, son statut de pouvoir, eh bien, nous sommes dans la barbarie. Est-ce que vous connaissez une seule des grandes manifestations récentes d'exercice du pouvoir dans notre monde qui ne soit pas une manifestation de la barbarie?

J.-P. LEBRUN : Vous abordez là un point crucial. Vous avancez que de nous être aperçus que le ciel n'était pas habité a représenté un progrès. Et maintenant vous déclarez, ce que pourrait confirmer une évidente résistance du fait religieux, que certains ont besoin de la religion, ou ne peuvent reconnaître leur dette que grâce à la religion. La question se pose donc quand même de savoir si collectivement ce progrès est assumable. Est-ce qu'il est effectivement possible, pour beaucoup, de continuer à respecter cette dette qui permet la subjectivation, les conséquences de ce rapport à l'Autre *, sans croire à un ciel habité?

CH. MELMAN : Je ne saurais pas répondre à la question. En revanche, je constate ce fait : les parents se bousculent aujourd'hui pour inscrire leurs enfants dans des écoles privées afin d'essayer justement de leur inculquer un petit peu de bon sens. Si nous avions des ministres conséquents à l'Éducation nationale, ils pourraient cogiter là-dessus. Vous savez qu'en France, les écoles religieuses sont submergées, elles ne peuvent pas répondre aux demandes. Pour ma part, je ne prônerai sûrement pas pour autant le retour à la messe, aux offices ou à la synagogue...

La responsabilité du sujet

J.-P. LEBRUN : J'entends bien. Mais une question se pose alors : doit-on aller jusqu'à penser qu'on pourrait avoir affaire aujourd'hui à un sujet non responsable? Ce qui rejoindrait ce vœu très actuel de se faire reconnaître à la moindre occasion comme victime...

CH. MELMAN : Vous avez raison. Le sujet n'est pas responsable, dans la mesure où sa détermination subjective ne relève plus de ce qui serait une aventure singulière, d'un choix singulier, mais d'une participation à l'hystérie collective. Du même coup il lui apparaît tout à fait légitime de penser qu'il doit son parcours, son destin à des circonstances collectives et extérieures. La même collectivité lui doit donc réparation de tout ce qui lui manque, puisque c'est ainsi, par elle, qu'il a été conçu.

J.-P. LEBRUN : Ce que vous dites s'est trouvé vérifié par le fameux arrêt Perruche [1] : si je ne suis pas bien né, si je suis handicapé, la société me doit réparation. C'est un peu affolant !

CH. MELMAN : Le récent arrêt Perruche stipule en effet que ce n'est pas la vie, le fait d'être vivant, qui justifie l'existence de l'organisme, fût-il défectueux, mais sa qualité. C'est cette qualité qui autorise que la vie soit ou non validée. Ce point sollicite évidemment l'éthique... et, bien sûr, pour reprendre votre terme, de façon affolante !

J.-P. LEBRUN : Il y aurait donc quelque chose d'éminemment singulier qui serait en train de se produire. On

1. Le 17 novembre 2000, la Cour de cassation, en France, prononce un arrêt – dit depuis « arrêt Perruche » – autorisant l'indemnisation personnelle d'un enfant né handicapé dès lors qu'en raison d'une faute médicale, sa mère aurait été privée de la possibilité d'avorter. Cet arrêt a suscité une série inhabituelle de débats, de controverses et d'initiatives touchant à de délicates questions juridiques, éthiques et philosophiques. À tel point qu'il a été remis en cause. Il n'en reste pas moins significatif.

pourrait dire, si on se lançait dans une métaphore informatique, que tout se passerait comme si, face à un ordinateur, on était en train d'ébranler non seulement son fonctionnement, son programme, mais même et surtout l'appareil lui-même...

CH. MELMAN : En effet, ce n'est pas le programme qui est modifié, mais la quincaillerie !

J.-P. LEBRUN : Si la responsabilité du sujet ne va plus de soi, cela ne va-t-il pas changer complètement le type d'appel, de demande qu'on adresse au psychanalyste, voire à n'importe quel thérapeute ? D'aucuns contestent qu'il y ait du nouveau à attendre en ce domaine. Qu'en pensez-vous ?

CH. MELMAN : J'ai reçu récemment une femme, d'un certain âge, dont le parcours n'avait pas été très heureux. Elle s'adressait à moi dans l'attente d'une réparation. Et elle se montrait agressive en constatant que je ne m'employais pas à « réparer » ses malheurs : le fait que son mari lui ait laissé des dettes, qu'elle ne trouve pas de travail, que sa fille se montre ingrate, que l'employeur qu'elle avait trouvé l'ait sous-payée, qu'elle souffre de céphalées, d'insomnies. Tout était dans le champ de la revendication. On pourrait penser que c'est un type clinique après tout fréquent depuis longtemps. Je ne le crois pas.

J.-P. LEBRUN : Comment distingueriez-vous une telle revendication de celle, en revanche plutôt banale, de l'hystérique ?

CH. MELMAN : La différence, c'est que sa revendication lui paraissait absolument légitime, sans aucune duplicité, sans interrogation sur ce qu'elle pouvait signifier. Elle l'assumait entièrement. Ce n'était pas une modalité de son adresse à autrui, c'était le propre de son adresse, son authenticité même.

J.-P. LEBRUN : Que répondre face à ce type de demande, ou plutôt d'exigence ? L'analyste est désarmé, puisqu'il n'y a pas, justement, de possibilité de décalage dans l'adresse...

CH. MELMAN : Il n'y a pas de réponse. Quand cette femme vient chez moi, c'est avec à la fois cette espèce de plainte douloureuse et une sorte d'étonnement, de surprise, de courroux parce que je ne lui prescris pas le *pharmakon.* Comment se fait-il que je ne lui délivre pas le *pharmakon* ? Alors elle s'administre une panoplie de produits qu'elle va chercher à droite et à gauche. Si elle vient voir le spécialiste, c'est bien pour qu'il lui donne le *pharmakon* !

J.-P. LEBRUN : Cela va à l'encontre d'une position qui autorise l'adresse à l'analyste...

CH. MELMAN : Oui, à l'encontre. C'est un transfert qui est posé d'emblée dans le champ de la revendication paranoïaque. Et l'évolution du transfert * dans une relation de compréhension envers la revendication ne pourrait évidemment qu'accroître cette dimension paranoïaque.

J.-P. LEBRUN : Faut-il en conclure qu'il y a une sorte d'hiatus indépassable entre le dispositif de l'analyse et ce type de fonctionnement ? N'est-ce pas un peu pessimiste ?

CH. MELMAN : Ce n'est pas pessimiste, c'est ainsi. Qu'est-ce que vous pouvez faire ? Qu'est-ce que vous pourriez lui expliquer ?

J.-P. LEBRUN : C'est la question que, justement, je me pose. Comment les psys qui se réfèrent à l'analyse dans leur pratique et rencontrent très souvent des jeunes qui se débattent dans de telles difficultés peuvent-ils s'orienter? Autrement dit, en ce cas-là, et malgré tout, que faire?

CH. MELMAN : Je réponds qu'il n'y a rien à faire. Si ce n'est essayer de ne pas trop vous exposer au centre de la cible, car vous déclencherez immanquablement une revendication paranoïaque, qui prendra de l'ampleur. Et qui, de fait, apportera une justification à la revendication. Car, avoir affaire à un médecin qui non seulement ne guérit pas, mais de plus accroît l'insatisfaction...

J.-P. LEBRUN : Et vous ne pensez pas que d'énoncer quelque chose, de nous positionner d'une certaine manière, puisse être utile pour d'aucuns qui n'ont jamais eu l'occasion de s'entendre dire ce qu'un analyste peut dire. Parce que si les analystes, eux aussi, se tiennent à l'écart, qui assumera encore la responsabilité d'être un interlocuteur pour ces personnes?

CH. MELMAN : Vous pouvez essayer... Vous savez, il existe beaucoup de situations dans lesquelles il n'y a jamais personne qui dise quoi que ce soit! Il ne faut pas croire que chaque fois que surgit un problème, quelqu'un doive être là pour intervenir de façon pertinente. Mais j'approuve tout à fait votre courage d'essayer de dire quelque chose...

Une violence inéluctable

J.-P. LEBRUN : Bien que ce soit en rapport avec ce dont on parle, nous n'avons pas encore abordé le thème de la violence. Sauf, effectivement, quand vous avez évoqué, à l'instant, le risque de déclencher un processus paranoïaque. On pourrait dire, en effet, que quand l'analyste, comme dans ce cas-là, est inadéquatement convoqué, cela risque de déclencher une certaine violence. Mais, de manière plus générale, quelle place occupe la violence dans cette nouvelle économie psychique ?

CH. MELMAN : La violence apparaît à partir du moment où les mots n'ont plus d'efficace. À partir du moment où celui qui parle n'est plus reconnu. Dans un couple, la violence commence quand l'autre refuse de reconnaître, en celui qu'il a en face de lui, un émetteur de paroles, vivant et de bonne foi. Vivant, donc ayant sa propre économie, ses propres contraintes. Et considéré, quel que soit le désaccord, comme de bonne foi. Dès lors que cette reconnaissance n'a pas lieu, l'autre n'est pas reconnu comme sujet, et la violence survient. Vous évoquiez récemment devant moi une rencontre entre deux écrivains, un Israélien et un Palestinien [1], et vous disiez que, malgré leurs lectures totalement différentes, incompatibles, des événements du Moyen-Orient ils s'étaient reconnus chacun de bonne foi. Voilà un formidable contre-exemple. Où chacun reconnaît que l'autre est pris dans une situation où il ne peut pas faire autrement que ce qu'il fait, ou dire autre chose que ce qu'il dit, qu'il n'a pas le choix en tant que sujet. Mais dans cette époque où nous vivons, de plus en plus souvent, le sujet n'est pas reconnu parce que, initialement il ne s'est pas mis en place. Alors, la violence survient à tout bout de champ, pour tout et pour rien. Une espèce de violence qui est devenue un mode banal de relation sociale.

1. Il avait été fait allusion auparavant à une rencontre récente à Bruxelles entre un écrivain israélien et un écrivain palestinien. Leurs lectures des événements étaient apparues radicalement différentes, et même incompatibles. Mais cela ne les avait pourtant nullement empêchés de s'écouter et de se respecter, dès lors qu'ils se reconnaissaient mutuellement le droit à proposer la lecture qui était la leur. Tout l'intérêt de cette rencontre était même là.

J.-P. LEBRUN : Là encore, on ne voit guère d'issue à cette situation. Ce que vous décrivez fait apparaître que le sujet n'a plus les moyens d'être sujet. En effet, si c'est la mécanique de l' « ordinateur » humain – sa quincaillerie – qui est atteinte, et pas le programme, on n'aurait plus les moyens d'être reconnu comme sujet. Tout devient dès lors beaucoup plus compliqué...

CH. MELMAN : Un exemple banal, celui du brave homme confronté chez lui à des voisins qui font du bruit. Voilà une situation conflictuelle et paranoïagène, si je puis dire, exemplaire. Les voisins font du bruit sans savoir que leur bruit est entendu de l'autre côté du mur. C'est une situation-type – dans un de mes premiers textes, je parlais d'ailleurs de ce phénomène du mur mitoyen –, et elle peut rendre celui qui est gêné par le bruit complètement fou. On a là pratiquement une situation de psychose expérimentale. Les conditions structurales de cette affaire sont évidentes. Vous n'obtenez le silence de la part de l'Autre *, du grand *Autre,* qu'à la condition d'être subjectivement inséré à cet Autre. S'il y a du bruit qui vous vient de l'autre côté, s'il y a du bruit qui vient de l'Autre, c'est que comme sujet vous êtes nié, et c'est d'ailleurs comme cela que le psychotique vit ses hallucinations.

J.-P. LEBRUN : Vous nous emmenez sur un terrain très intéressant et très inquiétant. Car cela enclenche un processus dont on ne voit pas très bien comment il pourrait se terminer autrement que mal...

CH. MELMAN : Il n'est pas rare, pour se référer au même exemple, que ça se termine à coups de fusil.

J.-P. LEBRUN : Donc cette nouvelle économie psychique provoquerait un surcroît de violence, mais aussi une incapacité de nature structurale à pouvoir réguler cette violence, puisque l'efficacité symbolique y est en quelque sorte déniée...

CH. MELMAN : Oui, ce surcroît de violence, la presse en parle tous les jours. De même que de l'incapacité à y faire face, à la contenir. Les transporteurs de fonds veulent être protégés par la police, mais la police demande à l'être aussi pour pénétrer dans les quartiers chauds des cités. Quelle solution apporter ?

J.-P. LEBRUN : Néanmoins, il y a toujours eu des violences, des agressions...

CH. MELMAN : Pas à ce point, ni de la même façon. Je dis souvent à nos amis psychanalystes d'Amérique latine que le Brésil anticipe ce qui va arriver à la France et en Europe : la constitution d'une société civile où le mur de séparation, la frontière, passe à l'intérieur même de cette société. Où les gens s'enferment dans leur maison derrière des grilles avec des gardes armés. Quand vous vous promenez à Rio de Janeiro, vous êtes frappé par le nombre de maisons protégées par des grillages et des vigiles. Quand vous circulez, vous ne savez jamais si vous franchissez ou non la « frontière », donc si vous prenez un risque d'être exposé à de la violence. On y vit dans un état de guerre civile informelle, « individuelle » et larvée... Quand, par exemple, une vieille dame se fait arracher son sac et se retrouve à l'hôpital avec un traumatisme crânien. Quand une employée de maison, de retour dans son studio misérable, trouve la porte fracturée et ses petites affaires volées. Quand il y a tant de vols de portables, tant de vols de voitures... c'est une forme de guerre civile. Entre le milieu des délinquants et la société installée, il y a là une sorte de guerre ! On ne se parle plus, on fait la guerre.

Une société de savoir

J.-P. LEBRUN : Y a-t-il un lien entre cette situation actuelle et la substitution d'une société de savoir à une société de pouvoir ? Déjà, en 1965, dans les deux dernières séances de son séminaire – encore inédit – sur les « Problèmes cruciaux pour la psychanalyse », Lacan évoquait le problème du sujet face à l'accumulation grandissante du savoir. Est-ce que vous voyez un lien entre ce qui arrive aujourd'hui et cette évolution ? Est-ce que la nouvelle économie psychique pourrait être un effet de la difficulté particulière du sujet face à l'accumulation du savoir ?

CH. MELMAN : Vous avez raison de poser cette question. Car le savoir d'aujourd'hui est numérisé, ce n'est plus un savoir alphabétisé. Tant qu'il était alphabétisé, on pouvait encore lui trouver un sens, mais avec le savoir numérisé, cela devient difficile. Devant votre ordinateur, vous dépendez de savoirs auxquels vous n'avez plus accès. Vous ne pouvez plus interpréter les textes, faire de l'herméneutique, de la littérature. Le savoir numérisé est aux mains d'un spécialiste, qui dépend d'un autre spécialiste, qui, lui aussi, dépend encore d'un spécialiste. Et les spécialistes du second niveau ignorent d'ailleurs ce que les premiers ont mis en place.

La réussite de la science passe par le renoncement à l'usage de la langue vulgaire pour celle « exacte » des calculs, exactitude au demeurant éphémère puisque soumise à un révisionnisme permanent. Cette caractéristique – écriture mathématique exposée à une révision constante – contribue à l'envoi à la décharge des textes jusqu'il y a peu souverains. Et ce au profit de ce qui se prête au codage numérique, notamment tout ce qui s'écrit en matière d'échanges commerciaux ou de sujets futiles.

J.-P. LEBRUN : Numérisé, alphabétisé, comment faites-vous la différence ? Avec le numérisé, on est dans l'innombrable, puisqu'il n'existe que par zéro et un...

CH. MELMAN : Strictement, en effet. Vous trouvez un tétragramme [1]. Comment lui trouver un sens ? Vous n'avez aucun recours. Vous êtes forclos devant ce « texte » en tant que sujet. Ma réticence à me mettre devant mon ordinateur, c'est ça : entrer dans la dépendance d'un savoir et d'une technique dont je deviens un serf.

J.-P. LEBRUN : Je comprends, mais je ne vois pas d'emblée le lien avec le problème dont on s'occupe...

CH. MELMAN : Les gens ne connaissent pas l'ensemble des informations que les ordinateurs, surtout en réseau, possèdent, traitent, reçoivent, donnent. Big Brother, à côté, ce n'est rien !

J.-P. LEBRUN : À vous entendre, on se demande s'il ne faut pas penser que sous le modèle religieux ou patriarcal, qui régissait jusqu'ici la société, ça allait mieux. Soutiendriez-vous cela ?

CH. MELMAN : Sous le modèle religieux ou patriarcal, cela allait différemment. Cela n'allait sûrement pas mieux, puisque c'est à ce modèle patriarcal et religieux que nous devons les névroses. Nous pouvons donc seulement dire que tout se passait différemment. Aujourd'hui, en fait, nous assistons essentiellement à une sorte de passage à l'acte massif vis-à-vis de la psychanalyse. Passage à l'acte, c'est-à-dire analyse sans transfert *. Comme si la façon qu'avait eue la psychanalyse de diffuser dans le milieu

1. Ensemble de quatre lettres hébraïques qui représentent le nom de Dieu dans la Bible.

social et dans le milieu des idées avait abouti à cet étrange résultat : un passage à l'acte à son endroit.

J.-P. LEBRUN : Voulez-vous dire que c'est la psychanalyse elle-même, et ce qu'elle véhicule, qui serait visée par cette modification de l'économie psychique ?

CH. MELMAN : Il y a tout lieu de le penser. La psychanalyse est née d'un malaise dans la culture bien repéré par Freud. On est quand même frappé, lorsque l'on lit les romanciers du XIXe siècle, ceux d'avant Freud, par cette impression qu'ils s'adressent quasiment à un interlocuteur qui n'existe pas, ou plutôt pas encore. On a souvent cherché la psychanalyse dans les romans ; il serait plus amusant de noter que l'écriture romanesque aussi bien que la pathologie semblent dessiner en creux une place, celle de l'analyste à venir, celle que Freud a occupée. Du coup, cela n'a rien d'étrange de penser que la psychanalyse, une fois articulée, et renvoyée dans le milieu social où elle agit comme agent qui interprète ce qui se passe, aurait cet effet dont je parlais il y a un instant. C'est-à-dire de provoquer un passage à l'acte qui la vise pour se débarrasser des questions qu'elle pose.

III

Le malentendu du père

J.-P. LEBRUN : Nous avons évoqué le patriarcat, en déclin. Vous en parlez très souvent en repérant le discrédit qui frappe aujourd'hui la figure du père. La psychanalyse a-t-elle joué un rôle dans cette évolution ?

CH. MELMAN : L'avènement de la psychanalyse s'est produit – et sans doute est devenu possible – au moment même où la figure paternelle se trouvait désavouée, en tout cas mise en cause et sur le déclin. Elle ne l'aurait pas été – et d'ailleurs elle ne l'est évidemment toujours pas – dans des sociétés dominées par la religion. Dans les milieux religieux stricts, je pense en particulier à l'Islam, la puissance paternelle est restée intacte. L'apparition dans les temps modernes d'une sorte de revendication de jouissance *, comme celle qui a émergé à l'issue de la Première Guerre mondiale, après l'horrible saignée qu'elle a provoquée, peut être considérée comme un des « gestes » agressifs adressés, au demeurant de façon abusive et erronée, au père en tant qu'on le suppose occuper la place de l'interdicteur. En tout cas, on venait de largement lui payer sa dette. Nous n'assistons aujourd'hui qu'à la fin de ce processus enclenché depuis longtemps. Souvenez-vous, quand

Lacan se référait à l'œuvre de Claudel, dans l'un de ses séminaires [1], précisément à la trilogie des Coûfontaine, où apparaît le Père humilié. Ce qu'il voulait déjà, justement, c'était illustrer ce déclin du père. Ce à quoi nous avons affaire aujourd'hui, à cet égard, c'est à la queue de la comète.

J.-P. LEBRUN : Et pourtant, vous le savez, il y a cette critique adressée aux psychanalystes, et surtout à l'œuvre de Lacan : on dit que, sous prétexte d'en appeler aux lois du langage ou à l'ordre symbolique, il s'agirait de prôner un retour au patriarcat. Comment répondez-vous à cette critique ?

CH. MELMAN : Il y a un malentendu massif à propos de la fonction paternelle. Un malentendu massif que l'œuvre de Freud est venue entretenir, dans la mesure où elle a abouti à cet ouvrage tout à fait malheureux, si l'on en juge par les lectures qu'il a permises s'agissant du père, *Moïse et le monothéisme*. Si la mise en place d'un impossible est le passage obligé, nécessaire, de l'accès au désir sexuel, cette mise en place d'un « qui ne se peut pas » est vécue et du même coup interprétée comme un interdit. Or le père, en fait, n'est pas du tout celui qui interdit le désir, bien au contraire, comme on l'a déjà dit : il est celui qui rend possible l'accès au désir. Il y a donc tout lieu de penser que cette vindicte qui s'est dégagée de fait contre le père, et qu'a entretenue la psychanalyse, à travers les conclusions qu'on tirait d'œuvres comme *Moïse et le monothéisme*, a surtout permis que se développe une vindicte contre le désir sexuel. C'est là-dessus qu'il y a erreur et malentendu.

1. C'est dans son séminaire de 1960-61 consacré au *Transfert* que Lacan a commenté la trilogie des Coûfontaine – *L'Otage*, *Le Pain dur* et *Le Père humilié* – de Paul Claudel, *Le Séminaire*, livre VIII, 1960-61, Seuil, Paris, 1991.

J.-P. LEBRUN : Mais pourtant, aujourd'hui, on a plutôt libéré le désir sexuel !

CH. MELMAN : On l'a tellement libéré... qu'il est en train de sombrer. Ce qui se passe, quand on parle de libération sexuelle, n'est plus de l'ordre du désir. Celui-ci est en train de passer au second rang après un tas de jouissances beaucoup plus faciles à satisfaire, beaucoup plus économiques. On pourrait voir une ruse magnifique de « l'histoire » dans ce phénomène : cette dénonciation du père pendant des décennies quand il s'agissait en fait de dénoncer tout simplement le désir sexuel. Là encore je vous renvoie à la littérature. L'homme contemporain traite en quelque sorte le désir sexuel comme une simple activité corporelle, plutôt laide, déshonorante, inappétissante, malpropre, immorale, et envisage plutôt, avec les nouvelles techniques de procréation, le temps à venir de la reproduction asexuée. Et c'est là qu'il y a un malentendu fondamental. Freud n'était absolument pas un contempteur du père, bien au contraire, mais sa position a consisté à vouloir le sauver. On voit qu'il suffit d'un léger gauchissement pour qu'aussitôt, puisqu'on est au niveau du point matriciel, si j'ose ainsi m'exprimer, disons plutôt en l'occurrence du point patriciel, il y ait des conséquences périphériques et en réseau considérables.

L'autre n'est pas l'étranger

J.-P. LEBRUN : Vous venez de parler du *Moïse* de Freud comme d'un ouvrage malheureux. Pourriez-vous en dire un peu plus ?

CH. MELMAN : Un ouvrage malheureux puisqu'il met le père, finalement, en position d'étranger. Freud n'avait assurément pas à sa disposition cette notion d'*Autre* *, centrale chez Lacan, mais c'est tout autre chose de situer le père comme *Autre* ou de le situer comme étranger. Du point de vue topologique, pour nous en référer à la théorisation lacanienne, c'est radicalement différent. L'étranger, c'est quelqu'un qui se situe de l'autre côté, de l'autre côté de ce mur qu'on peut représenter par une « bande » qui est biface et qui a deux côtés, l'endroit et l'envers. Mais si on se situe, comme Lacan, dans une autre topologie, celle que caractérise la « bande de Möbius », qui n'a ni endroit ni envers [1], on n'a plus du tout affaire à un étranger. En ce dernier cas, en effet, celui qui est de l'autre côté n'est pas un étranger pour autant.

J.-P. LEBRUN : Il n'empêche que repérer, comme Freud, Moïse comme égyptien, c'est le repérer comme l'étranger, bien sûr, mais c'est aussi situer, du même coup, la figure logique de l'exception, donc la place particulière du père...

CH. MELMAN : La figure logique de l'exception fait surgir la dimension de l'altérité, et non pas celle de l'étrangeté, ou de l'étranger. Si le père est en position d'idéal, et que les fils en sont séparés par une coupure, ce qui est le cas « normalement », les fils peuvent s'estimer être tous vis-à-vis du père en position Autre. Ce n'est pas alors que le père est Autre, mais ce sont les fils qui se vivent comme étant Autres par rapport au père. Vous voyez comment un tout petit gauchissement, dans une lecture, est fondateur de malentendus.

1. La topologie « möbienne » de Lacan est une topologie qui renvoie à la figure de la bande de Möbius, figure que l'on peut obtenir en prenant une bande de papier et en collant ses extrémités après avoir effectué une torsion d'un demi-tour. Cette figure a la particularité de ne plus avoir qu'une seule face si un doigt la parcourt. On peut donc la parcourir sans jamais rencontrer de bord.

J.-P. LEBRUN : Voulez-vous donc surtout faire apparaître qu'il ne faut pas confondre la position de l'exception, celle que le père occupe et qui introduit à l'altérité, et la position de l'étranger ?

CH. MELMAN : La dimension du Un étranger est un obstacle définitif à toute résolution du transfert * [1]. Le mythe biblique le spécifie : c'est Celui pour lequel on travaille, on se sacrifie, sans que pour autant il vous reconnaisse ou vous aime. Sa force ne tient pas à la foi qu'il inspire mais à la police qui le fait respecter.

J.-P. LEBRUN : On ne participe plus d'un monde commun ?

CH. MELMAN : La résolution du transfert n'est pensable que par, non pas une guerre, mais la reconnaissance du fait qu'il y a dans l'Autre * un « un », qui est de pure construction logique.

J.-P. LEBRUN : Donc sur lequel personne ne peut mettre la main, dont nul ne peut se prétendre le propriétaire...

CH. MELMAN : Ni non plus lui prêter des intentions, une origine ou une histoire...

Patriarcat ou matriarcat

J.-P. LEBRUN : Dans *Moïse et le monothéisme,* Freud décrit en quoi le passage de la reconnaissance de la mère à

1. Par résolution du transfert, dans ce cas, il faut entendre aussi bien une fin satisfaisante de la cure analytique (cf. glossaire) qu'une issue heureuse du rapport du sujet à des figures parentales, ce rapport étant désormais organisé autour de leurs autonomies respectives.

la reconnaissance du père a constitué un progrès. Un progrès que vous analysez comment ?

CH. MELMAN : Il y a effectivement chez Freud une remarque, qui d'ailleurs ne lui est pas personnelle, établissant que ce passage du matriarcat au patriarcat a constitué pour l'humanité un progrès. Progrès spirituel, progrès mental, puisqu'on est passé des règles de l'évidence à celles de la croyance. Il nous faut cependant bien saisir d'abord la différence entre ces deux régimes. Si nous réalisons qu'ils relèvent d'une structure radicalement différente, peut-être pourrons-nous mieux entendre ce que le signifiant « progrès » est venu faire ici, pourquoi, effectivement, on peut parler de progrès. Cette différence de structure tient à quoi ? On est passé, je viens de le dire, d'un régime fondé sur l'évidence et la positivité, telles que le matriarcat les étaye, à cet autre régime où ce qui importe et l'emporte est de l'ordre de la foi et renvoie à ce que nous, analystes, appelons le pacte symbolique.

Le matriarcat règle en effet la question de la cause, de la causalité. Et d'abord en ce qui concerne la fécondation, en disant que ce processus relève d'un mécanisme évident et on ne peut plus positif : la mère est la cause de l'enfant. S'établit dès lors un régime où la mère, en tant que présente dans le champ de la réalité – c'est-à-dire en tant que ne se fondant d'aucun mystère mais de son propre pouvoir, de sa propre autorité –, se retrouve investie de cette puissance qui est pour tous les êtres humains la puissance suprême, en devenant la référence phallique. La mère devient ainsi l'incarnation du phallus, et l'enfant doit sa genèse à l'intervention autonome de cette puissance ainsi incarnée et présente au même titre que lui dans le champ de la réalité. Ce qui ne veut pas dire que le père, l'un des deux géniteurs, n'ait servi à rien. Mais sa fonction apparaît accessoire, nullement nécessaire. Mère et enfant suffisent donc à assurer la continuité d'une chaîne des générations qui a ainsi l'avantage, nous le voyons bien, d'être sans mystère.

Nous avons, grâce à ce régime, le bonheur de participer à un monde qu'il faut bien dire positif, un monde simple où le mot, le signifiant *, renvoie directement à la chose, n'a pas d'autre signifié que la chose elle-même. Et où la fonction de l'antécédent résume ce qu'il en est de la causalité : ce qui est avant est la cause de ce qui vient après. Nous sommes là dans le registre de la métonymie *, c'est la contiguïté qui organise l'ensemble de notre monde. L'invocation du père comme métaphore *, caractéristique du patriarcat, vient effectivement introduire une rupture dans cette simplicité apparemment heureuse, où tout est « naturel ».

Le monde animal – autrement dit, le monde naturel par excellence – a évidemment un rapport direct avec son objet. Il n'y a, dans le monde animal, aucune hésitation ni sur la conduite à tenir, ni sur le choix de l'objet, ni sur la nature ou la spécificité de la satisfaction recherchée et obtenue. Les partenaires sexuels sont très clairement identifiés et l'animal ne se pose pas de problème éthique. Ce monde propice à une satisfaction qui n'implique aucune « médiation » et ne passant pas par le travail n'a pas manqué de représenter pour notre humanité une sorte d'idéal, un paradis perdu, diront les chrétiens, puisque ce serait par une chute impliquant une déchéance, liée à la punition divine, que nous serions sortis de ce jardin d'Éden où tout était ainsi à notre disposition.

Le père est bien sûr, comme la mère, présent dans la réalité, mais il ne tient aucunement son pouvoir de lui-même. Il ne le tient que d'être la métaphore d'une instance en soi insaisissable, invisible, et qui occupe le champ non plus de la réalité mais de ce que Lacan appelle le réel, autrement dit, un inaccessible qui n'a rien de « naturel ». Contrairement à ce qu'on observait dans le régime du matriarcat, l'instance phallique * se trouve dès lors radicalement déplacée, puisqu'elle n'est plus partie prenante du champ de la réalité. Le père est devenu non pas l'incarnation mais le représentant de cette instance.

La différence entre les deux régimes tient donc à ceci : avec le patriarcat, c'est la dimension du réel qui est ainsi introduite dans le champ du psychisme, de la spéculation mentale. Et, avec elle, on introduit aussi un effet qu'on pourrait dire traumatisant, car il apparaît que cette opération implique que les objets avec lesquels je pourrais me satisfaire ne seront jamais que des substituts, des semblants. Il y a donc une perte. Et la condition de mon désir, de son accomplissement, va être corrélée à cette perte.

Passage donc d'un régime matriarcal, d'un monde positif et simple que l'on imagine heureux – toute demande y trouvant sa satisfaction naturelle, que le sein va bien entendu, et de façon intarissable et indéniable, imaginariser –, à un régime qui, en lui-même, est traumatique puisqu'il consiste dans l'introduction de la dimension du réel. Le désir est désormais voué à se manifester toujours en vain. Et les objets, loin d'être ces objets préadaptés, préparés pour moi dans le monde, deviennent au contraire représentatifs de la vanité de mon désir.

J.-P. LEBRUN : Pour rendre compte de ce qu'est le réel, à savoir de ce dont on ne peut plus parler puisque cela ne fait pas partie du champ de nos représentations, autrement dit du champ de ce que nous appelons la réalité, il vous est arrivé d'évoquer, à la suite de Lacan d'ailleurs, le champ des mathématiques...

CH. MELMAN : En effet, il est arrivé à des mathématiciens, et en particulier à Cantor [1], de s'interroger sur le fait

1. Mathématicien allemand (1845-1918), qui découvrit, entre autres, les nombres ordinaux transfinis.

que la suite des nombres est infinie, que je puisse toujours écrire « plus un » et continuer indéfiniment. Ce mathématicien a très bien perçu que, du même coup, il y avait un infini à jamais inatteignable et donc hors champ de la représentation, hors champ de la réalité. Mais la nouveauté de Cantor, c'est qu'il a procédé à la nomination de ce hors champ, à son écriture, et qu'il l'a appelé « aleph », l'infini qu'on ne saurait jamais atteindre puisqu'il est toujours au-delà du chiffrage. Or, il s'est avéré que l'invention de cette écriture a été éminemment opérationnelle dans le champ des mathématiques. Nous pourrions dire que c'est le même travail qu'a effectué Lacan en écrivant « l'objet a » *, cet objet « cause du désir » qui ne fait pas partie de nos représentations, mais qu'il a pu néanmoins identifier et écrire. Un objet qui ne fait pas partie de notre réalité mais que nous avons à situer dans le Réel *.

J.-P. LEBRUN : Ce qui renvoie dès lors aussi bien au progrès de civilisation dont Freud parlait en décrivant le passage de la reconnaissance de la mère à la reconnaissance du père qu'à ce que vous avez écrit ailleurs concernant l'émergence du patriarcat, à savoir que « la croyance au patriarcat passe par un déplacement topique qui invite à situer le référent non plus dans la réalité, mais dans le réel, c'est-à-dire à le faire disparaître du champ de la réalité ». Pour vous avoir souvent entendu évoquer ce sujet, il semble que vous ne partagez pourtant pas l'idée, généralement admise, que le patriarcat s'est mis en place à Rome...

CH. MELMAN : Si c'est avec Rome que le patriarcat s'établit, il ne s'agit probablement pas de celui qui nous est familier, organisé par ce déplacement topique que vous rappeliez à l'instant et ce passage de l'évidence à la croyance. Il s'agit plutôt avec les Romains d'une substitution dans le champ de la réalité de l'homme à la mère.

Quelques arguments permettent de le penser, et cela nous fait saisir quelle transformation radicale a pu opérer la religion judéo-chrétienne dans la substitution du patriarcat au matriarcat. À Rome, un père ne tenait aucunement son autorité de la référence à quelque dieu, il tenait son autorité de lui-même, il se distinguait par un pouvoir que l'on peut dire sans autre limite que le respect de ce qu'exigeait sa tâche : pérenniser la lignée dans laquelle il était inscrit.

Il est clair que c'est avec notre religion que tout cela bascule. Le père de la réalité, le brave père de famille, n'est plus que le représentant, le délégué, le fonctionnaire d'un Père situé dans le réel. Le père de la réalité, le nôtre, va donc avoir à faire célébrer dans sa famille un culte complètement inédit jusqu'ici, puisqu'il lui faudra témoigner que c'est par le renoncement à la jouissance que se trouve délivré l'insigne phallique, la condition de sujet désirant. Pauvre papa !

J.-P. LEBRUN : Donc, vous dites qu'on a plutôt assisté à la substitution de l'homme à la mère chez les Romains et qu'il aura fallu attendre le succès de la religion chrétienne pour voir émerger véritablement le patriarcat...

CH. MELMAN : Ce n'est pas du côté de Rome qu'émerge le patriarcat qui nous est familier, parce que le père romain avait tout pouvoir. La religion chrétienne, bizarrement, est tempérante à l'égard du père. La figure du père dans la religion chrétienne, soyons massifs et simples, c'est celle de Joseph. C'est celle du cocu, celui qui conduit l'âne et qui est amené à sortir de l'histoire. La relation fécondante s'établit entre la femme et le Saint Esprit ; le père est à subir, comme moyen.

J.-P. LEBRUN : Mais c'est aussi la figure de Dieu. C'est dans la religion chrétienne qu'apparaît Dieu le Père...

CH. MELMAN : À Dieu le Père, on peut très bien attribuer une figure maternelle. Je peux appeler Dieu le Père, mais le doter de caractéristiques maternelles : amour universel, bonté, bienveillance, générosité, pardon, etc. De telle sorte que dans la religion chrétienne, c'est bien davantage la figure maternelle qui se trouve spiritualisée. La religion chrétienne enregistre plutôt la figure du père au foyer comme étant une figure irruptive et violente dans un nid qui n'aurait demandé qu'à être maternel, c'est-à-dire régi par l'amour. De là vient qu'on peut – qu'on doit ! – entendre que chaque fois qu'on s'en prend au père, on s'en prend à celui qui vient forniquer avec la mère, qui vient introduire le sexe dans un monde clos où, au fond, aurait dû régner l'amour ; seule tolérance, celle d'une sexualité furtive.

J.-P. LEBRUN : Pouvez-vous commenter encore davantage ?

CH. MELMAN : Si vous considérez, par exemple, cet instrument déterminant qui s'appelle la logique mathématique, vous voyez bien que tout ce qui est du registre de l'antécédent ou de la cause relève forcément de l'inscriptible. Ce qu'il y a de nouveau avec le patriarcat qui nous intéresse, celui qui est propre à la religion dite judéo-chrétienne – je ne parle donc pas du patriarcat romain –, c'est d'instaurer le champ de la cause dans ce qui échappe à la logique, donc dans le champ du non-inscriptible. Ou bien, s'il s'inscrit, le nom de Dieu va devenir imprononçable. Inutile de souligner qu'il s'agit à l'évidence d'une mutation radicale, d'une rupture aussi bien avec le matriarcat qu'avec ce qui se passait dans le monde antique, peuplé de statues et de représentations, de divinités diverses présentes sur les routes, les champs... Le pas qui est là franchi, c'est l'introduction d'une dimension essentielle, celle qui lie le réel à l'impossible. Il y a là un franchissement important pour l'intelligence humaine, établissant ce qu'effectivement le langage met en place, son exigence d'une perte de l'objet qui aurait pu être dit naturel.

J.-P. LEBRUN : Mais est-ce lié au passage du matriarcat au patriarcat, ou seulement au passage à la religion judéo-chrétienne ?

CH. MELMAN : Le passage du matriarcat au patriarcat est du même ordre. Le père, en effet, est désormais pris comme cause. On ne parlera plus de cause évidente ou naturelle comme pour la mère avec son enfant, mais de cause disons spirituelle de la chaîne des générations. Il n'était pas besoin de microscope ni de connaître la valeur du sperme pour considérer ainsi le père. Il est à cette place au titre d'instance spirituelle, autrement dit, il tient son autorité d'une instance qui échappe à tout contrôle, visuel ou autre, et c'est cela qui a constitué le progrès. Au contraire, nous en revenons aujourd'hui en quelque sorte au matriarcat, comme en témoignent les familles monoparentales. Cela va de pair avec la récusation de la dimension de l'impossible qu'avait introduite la fonction paternelle et qu'on a déjà évoquée.

J.-P. LEBRUN : Vous avez souvent fait référence, auparavant, à la castration *, c'est-à-dire finalement la mise en place de cet impossible, pour reprendre un terme que vous venez d'utiliser. Mais est-elle liée à la religion ou à la structure *, autrement dit au langage ?

CH. MELMAN : Ce que nous savons, c'est que le système formel représentatif du langage implique toujours la mise en place d'un réel – soit : ce qui ne peut se dire – et d'un impossible. En revanche, ce sur quoi on peut réfléchir est la question de savoir si cet impossible lié à cette caractéristique du langage sera toujours celui du sexe, autrement dit si le signifié sera toujours sexuel. Comme le disait Lacan, le rapport sexuel * n'existe pas, est impossible, en d'autres termes ne saurait être harmonieux. Est-ce que des changements, des modifications dans l'écriture de ces processus sont susceptibles de mettre en place un « défaut » qui ne concernerait pas forcément le sexe? Et cela sans que, pour autant, ce changement vienne contrarier ou gêner le fonctionnement sexuel? Peut-être même ledit changement pourrait-il permettre d'envisager un autre type de rapport au sexe que celui qui est le nôtre, et qui est caractérisé par cette impossibilité, le côté « ce n'est pas ça » auquel il renvoie toujours.

J.-P. LEBRUN : Envisager un autre type de rapport au sexe? Vous soulevez là une question énorme...

CH. MELMAN : Ce n'est pas moi qui la soulève, c'est ce dont on parle, vous et moi.

J.-P. LEBRUN : C'est une question énorme parce que ça pourrait avoir des conséquences radicales. Par exemple de nous amener à accepter l'idée qu'un enfant puisse être issu de parents homosexuels, alors que la société s'est toujours fondée et organisée à partir de la différence des sexes. On ne connaît pas de société, je l'ai déjà dit, qui ne considère pas la reconnaissance de la différence des sexes comme le socle de son organisation. Mais si vous dissociez castration et différence des sexes...

CH. MELMAN : Mais la castration n'est absolument pas garante du bon fonctionnement de la société. Et il faut s'entendre sur le terme d'homosexualité. Il y a des homosexualités qu'on pourrait qualifier d' « organiques », mais aussi un grand nombre d'homosexualités qui, à l'évidence, sont psychiques. Donc, il ne faut pas non plus trop vite généraliser en abordant cette question.

J.-P. LEBRUN : Des homosexualités « organiques », que voulez-vous dire ?

CH. MELMAN : Celles qui contraignent au choix d'un partenaire porteur de « l'organe ». Les autres se satisfont d'un partenaire dont la virilité est « psychique ».

J.-P. LEBRUN : Est-ce que la société, le social, peut accepter, sans pulvériser ses fondements, l'enfant « né » de parents homosexuels ?

CH. MELMAN : Je crois surtout qu'un autre agencement du dispositif sexuel pourrait rendre absolument inintéressantes et caduques les diverses homosexualités – je suis attaché au pluriel. Les homosexualités peuvent être analysées comme une défense contre la cruauté de la mise en place du sexuel. Imaginons que cette mise en place du sexuel n'ait plus son côté traumatique. Il ne serait pas impensable, alors, de voir les homosexualités perdre leur attrait. Je ne crois pas, bien sûr, qu'on puisse en conclure que tout, dès lors, deviendrait possible. D'autres complications, bien entendu, verraient le jour. Pas d'avantage sans inconvénient, ce que l'on gagne d'un côté, on le perd de l'autre. Les problèmes liés au sexuel ne seront pas pour autant résolus, il y en aura d'autres.

L'avenir du matriarcat

J.-P. LEBRUN : En reléguant le patriarcat dans les limbes, on en reviendrait donc au matriarcat. Est-ce bien ce que vous soutenez ?

CH. MELMAN : On pourrait s'amuser à formaliser simplement la situation de la façon suivante. L'interdiction de l'inceste, qui est donc liée à l'intervention paternelle, peut se dire ainsi : je ne peux pas écrire : *a* conjoint à *b*, pour toutes les valeurs de *a* et *b*. Si *a* est mère et si *b* égale enfant, *a* et *b* ne peuvent pas être conjoints. Ou plutôt, *a* et *b* ne peuvent être conjoints pour toutes les valeurs de *a* et de *b* qu'à la condition de forclore le sexe. C'est un petit algorithme extrêmement simple et dont cependant les incidences cliniques sont notables. Un névrosé obsessionnel, par exemple, va vouloir forclore effectivement le sexe pour que *a* et *b* puissent être conjoints. Si on accepte la formalisation élémentaire que je propose, *ab* ne peut être écrit pour toutes les valeurs de *a* et de *b*. C'est ce que dit l'interdit de l'inceste. Il peut s'écrire : $a > b$ (relation d'inclusion) et pourtant $a \vee b$ (relation de disjonction exclusive). Il est vrai que *a* et *b* se distinguent d'appartenir à des générations différentes. On peut dire que, par rapport au système auquel appartient l'enfant, la mère est dans un métasystème, indexé par le signe qui marque le pouvoir des générations. Lacan généralisera en disant que l'inceste spécifie la relation sexuelle entre générations successives.

Eh bien, on tend à écrire aujourd'hui *ab* pour toutes les valeurs de *a* et de *b*, quelles qu'elles soient... Une jouissance – on en revient à notre point de départ – n'est considérée aujourd'hui comme recevable, digne d'être promue, qu'à la condition d'être de l'ordre de l'excès, c'est-à-dire produisant une éclipse subjective. Que ce soit au moyen de l'alcool, de la vitesse, de la drogue, de l'excès scopique, de l'excès auditif... C'est ainsi que ça se manifeste aujourd'hui.

J.-P. LEBRUN : Et le matriarcat dans tout cela?

CH. MELMAN : Le matriarcat, en tant qu'il comporte la promesse, inscrite par exemple dans cet *ab*, que la conjonction est possible quelles que soient les valeurs de *a* et de *b*, représente, si je puis dire, le grand idéal, fût-ce au prix de forclore le sexe. Ce qui implique en même temps qu'on tente de promouvoir une sorte d'entente parfaite, de collusion, d'adhérence, de captation, et qu'entre les deux partenaires il n'y a plus rien à dire : la parole peut s'éteindre. Il suffira de se faire signe !

J.-P. LEBRUN : Quand on parle de matriarcat, on se réfère en général à des données sociologiques, anthropologiques...

CH. MELMAN : Certes, comme je l'ai déjà avancé, le matriarcat est ce domaine, ce monde qui nous offre le confort, la douceur, l'espoir, la tiédeur, les plis, la bienveillance de cette positivité, c'est-à-dire de ce régime où le signifiant *, dans le langage, ne renvoie à rien d'autre qu'à un objet idéal qui se trouve substantifié et qui se trouve donc offert à la prise, à la saisie, à la capture, à la possession et donc bien sûr en même temps à la consommation. Mais surtout, le matriarcat, ça veut dire quelque chose d'encore plus simple : l'enfant n'a rien à demander à qui que ce soit d'autre qu'à sa mère, il a tout à attendre d'elle.

J.-P. LEBRUN : Cette réémergence, pourrait-on dire, du matriarcat aujourd'hui serait-elle susceptible de favoriser un développement de l'homosexualité ?

CH. MELMAN : Je ne saurai pas répondre. Pas forcément, me semble-t-il. Il n'y a pas forcément un lien direct entre les deux phénomènes. Peut-être irait-on plutôt vers des formes de bisexualité...

J.-P. LEBRUN : L'avènement de ce monde de collusion, d'adhérence, de captation, nous oblige-t-il à changer notre façon de parler du Symbolique * ?

CH. MELMAN : Certes. Car le traumatique se substitue au Symbolique. Au défaut générateur du désir qu'introduit le Symbolique, se substitue maintenant le dommage causé par le traumatisme.

J.-P. LEBRUN : Mais le défaut introduit par le Symbolique tient au fait qu'on est un être de langage ; c'est là un trait de la condition humaine, et ce n'est pas un traumatisme...

CH. MELMAN : Oui. Mais comme le Symbolique introduit un défaut, le désir lui-même peut aisément être lu comme un traumatisme. De là à supposer que l'étranger est venu se substituer au père...

J.-P. LEBRUN : Dans cette économie psychique nouvelle que nous sommes en train d'évoquer, le symbolique n'aurait donc plus sa place de tiers. Non seulement tout est vécu comme un traumatisme, mais plus encore comme un traumatisme sans solution, si ce n'est celle de s'en déclarer victime. C'est ce que vous voulez avancer ?

CH. MELMAN : C'est un traumatisme qui n'a de solution, si c'est possible, qu'orthopédique, chirurgicale, et qui, dès lors, conduit à réclamer réparation. Ce que nous disions plus haut, notamment en évoquant l'arrêt Perruche.

J.-P. LEBRUN : Et donc de nouveau nous nous retrouvons dans une logique qui conduit à ne pas vouloir payer le prix d'être soumis aux lois du langage, à ne pas vouloir reconnaître notre dette à l'égard de l'Autre *. C'est cela ?

CH. MELMAN : Exactement !

J.-P. LEBRUN : En revanche, nous pouvons désormais nous croire les initiateurs de notre propre organisation, sans place tierce donnée au langage, et à ce qui nous constitue dans notre humanité. C'est ce qui se produit?

CH. MELMAN : Absolument.

Les lois du langage

J.-P. LEBRUN : Mais ces lois de la parole et du langage auxquelles nous nous sommes déjà référés plusieurs fois, pourriez-vous les définir et préciser davantage leur rôle?

CH. MELMAN : Les lois du langage sont plutôt simples. Nous avons affaire, avec le langage, à un système d'éléments – les signifiants * – qui, se renvoyant les uns aux autres, ne signifient rien en eux-mêmes. Le désir de l'animal humain, qui passe obligatoirement par le langage, s'organise donc autour de ce qui est dès lors une perte, puisque ce système n'est pas « fermé », n'est jamais « complet », jamais terminé. Aucun objet ne sera donc susceptible de venir parfaitement combler et satisfaire le désir humain, tout comme aucun mot ne saurait être l'équivalent parfait d'une « chose ». Parler des lois du langage, c'est donc, évidemment, se référer d'abord à la loi du Symbolique *, en tant que chaque élément du langage est le symbole de cette pure perte. Mais, à cette dimension du Symbolique, il faut ajouter, comme nous y invite Lacan, les dimensions du Réel * et de l'Imaginaire * : celle du Réel vient conceptualiser ce fait qu'il existe un espace résistant à la formalisation, un impossible à dire; l'autre, celle de l'Imaginaire, renvoie à cette capacité que nous avons de donner une forme à ce qui vient répondre à la perte, à ce pur manque.

J.-P. LEBRUN : Tout n'entre pas dans les mots, voilà le registre du Réel; pour rendre compte de l'origine, on invente les mythes, voilà le registre de l'Imaginaire. Mais le Symbolique ? Vous dites souvent, d'ailleurs, le « pacte symbolique ». Pourquoi ?

CH. MELMAN : Le « pacte symbolique », ce n'est pas un secret. Il renvoie à ceci : toute relation, que ce soit avec un partenaire ou avec un objet, se trouve nouée par la participation commune de l'un et de l'autre à cette perte fondamentale qui spécifie le désir humain. Perte qui va désormais unir et désunir, à la fois rapprocher et en même temps séparer les deux protagonistes, qu'il s'agisse des deux partenaires d'un couple ou qu'il s'agisse d'un partenaire et d'un objet.

J.-P. LEBRUN : Et les lois de la parole ? En quoi sont-elles spécifiques ?

CH. MELMAN : Les lois de la parole... Alors là, vous répondre serait nous engager sur un terrain beaucoup plus vaste, impliquant bien des questions qui ne sont peut-être pas immédiatement liées à la nouvelle économie psychique qui nous intéresse ici.

J.-P. LEBRUN : Mais peut-être pouvez-vous quand même nous dire pourquoi vous faites la distinction entre lois du langage et lois de la parole ?

CH. MELMAN : Pourquoi je fais cette distinction ? Parce que les lois de la parole instaurent inévitablement un type de dualité organisé par l'inégalité et l'altérité des partenaires, une dissymétrie irréductible des places. Cet effet de la parole sur lequel j'attire l'attention, nul n'a manqué de l'éprouver : la parole en tant qu'elle s'adresse à un locuteur institue immanquablement une asymétrie. Par le simple usage de la parole, vous ne parviendrez pas à réaliser cet idéal qui nous hante et qui est celui de la fraternité, de l'égalité, de la transitivité. La simple adresse d'une parole à un autre vient au contraire créer, installer – de par le seul fait de prendre la parole – entre les deux interlocuteurs une asymétrie qui fera que l'un se trouvera en position d'autorité et l'autre dans la position de chercher à se faire reconnaître. L'usage de la parole introduit dans la vie sociale une répartition qui vient créer, que nous le voulions ou pas, deux places différentes, hétérogènes l'une par rapport à l'autre. Et ces places renvoient, au moins indirectement, à la différence des sexes. Voilà, donc, le type de lois qui ne va pas, on le sait, sans provoquer aujourd'hui quelque réaction !

J.-P. LEBRUN : Et c'est donc quand même lié à notre sujet !

CH. MELMAN : En effet. Mais ces lois représentent surtout un des piliers de l'organisation psychique tout court, plus qu'elles ne jouent un rôle particulier dans la nouvelle économie psychique.

J.-P. LEBRUN : Sauf que la nouvelle économie psychique traite les lois de la parole d'une certaine façon...

CH. MELMAN : Elle les traite en cherchant à substituer l'image à la parole.

J.-P. LEBRUN : Et, par là même, à gommer cette hétérogénéité des places, à annuler leur dissymétrie, à effacer tout ce qui différencie la place de chacun...

CH. MELMAN : Nous sommes passés à cet égard dans un monde iconique. Désormais, on va vers un monde numérique d'un côté et iconique de l'autre, qui remplacera petit à petit notre monde alphabétisé.

J.-P. LEBRUN : Pourtant c'est bien de parole qu'il s'agit dans le symptôme ?

CH. MELMAN : L'originalité de la découverte freudienne par rapport à ce que la psychiatrie, jusqu'alors, chez Kraepelin [1] par exemple, avait pu mettre en place, avait pu construire, c'est en effet de montrer que le symptôme du névrosé – Freud l'avait repéré chez les hystériques, en s'intéressant par exemple à l'origine de leurs paralysies – n'est rien d'autre que l'organisation, l'expression somatique d'une séquence langagière. Autrement dit, le symptôme – le bras paralysé de l'hystérique n'est pas le bras anatomique, c'est le bras tel qu'on le parle – est construit par de la parole, c'est une sorte de phrase, une jaculation verbale, c'est ce qui « nous coupe les bras » et – c'était là l'espoir initial de Freud – il suffirait de déchiffrer ce cryptogramme pour que le symptôme cède. Ce renversement est essentiel par rapport à ce qu'on pensait autrefois – où l'on attribuait une cause somatique ou pithiatique à l'hystérie et dont nous ne sommes pas encore venus tout à fait à bout. Cela tient au fait que le symptôme étant construit par une séquence langagière, c'est par le pouvoir de la parole qu'il est capable d'être dissipé. D'où la cure « par la parole » qu'est, pour simplifier, la cure analytique.

J.-P. LEBRUN : Lacan, de son côté, soutenait cependant que le Symbolique ne se confond pas avec le symptôme. Cette distinction me paraît utile pour nous interroger sur la nouvelle économie psychique. Dans cette dernière – et je pense à la patiente dont vous avez parlé précédemment –,

1. Psychiatre allemand (1855-1926) qui introduisit en psychiatrie la rigueur des sciences naturelles.

ce qui ne va pas est-il encore de l'ordre du symptôme? Sommes-nous encore dans le Symbolique?

CH. MELMAN : Le Symbolique ne se confond pas avec le symptôme, parce que le symptôme est une défense contre le Symbolique. Il n'y a pas de confusion possible. C'est là tout le sens du séminaire de Lacan sur le sinthome [1]. Le symbole, c'est, comme nous le rappelait Lacan, cette moitié de pièce de monnaie qu'un interlocuteur vient proposer à l'autre dans l'attente que celui-ci y mette l'autre moitié, de telle sorte que les deux réunies forment une seule pièce, une pièce une, complète. Mais, comme nous le savons justement, par les effets du langage, l'un et l'autre n'ont jamais la bonne moitié, c'est là le problème. Ils n'ont jamais la bonne moitié, c'est-à-dire qu'entre les deux moitiés, il y aura toujours un déficit. Que sont donc les névroses si ce n'est une façon de se défendre de manière radicale, obstinée, acharnée contre cette absence, ce déficit, ce défaut qui est de structure, que met en place la parole, le pacte proposé par la parole?

J.-P. LEBRUN : En même temps, le symptôme, s'il constitue une défense contre le Symbolique, s'exprime toujours, si l'on peut dire, dans la langue du Symbolique. Tandis que la patiente dont vous parliez tout à l'heure se présentait comme ne se référant à aucun impossible, comme émancipée du Symbolique...

CH. MELMAN : J'en suis moins sûr que vous. Parce que ces individus qui apparaissent comme les « porteurs » de la nouvelle économie psychique, vous les voyez immanquablement organiser, eux aussi, un impossible. Pas toujours le même, ça peut varier, mais même avec eux, il y a et

1. Jacques Lacan, *Le Séminaire* XXIII, « Le Sinthome », 1975-1976, inédit.

il y aura toujours un impossible. Prenons la liberté sexuelle par exemple. Ce que nous pouvons vérifier dans notre pratique, c'est qu'elle aura comme conséquence, pour les partenaires, qu'ils auront en fin de compte le souci de se ménager un inconfort. De chercher systématiquement à mettre en place ce qui ne va pas, qui fait conflit, ou qui fait difficulté. Parce que, au fond, ce qu'ils veulent, c'est légitimer cette liberté. Il y a de ce côté-là, ce qui est d'ailleurs traditionnel, une tentative d'aménager des « réels », des impossibles, mais désormais à travers des procédés quelque peu erratiques, souples, mobiles.

J.-P. LEBRUN : Mais quand vous évoquiez votre patiente, cette jeune femme qui vit hors tout désir, et même presque hors tout besoin, et qui d'ailleurs ne demande rien, on a plutôt l'impression qu'elle est amenée à venir offrir un manque de symptôme, ce que j'appellerais dès lors un « asymptôme ». Seulement une conduite, un comportement donné à voir mais échappant à la loi du Symbolique. C'est cela que je voulais introduire...

CH. MELMAN : Votre « asymptôme », c'est une trouvaille ! Il y a quand même pour elle un impossible. Par exemple, tout simplement, d'accéder au bon sens, de se lever le matin, de trouver un travail, de se nourrir, de se vêtir, d'avoir des relations... Même s'il n'est pas formulé, enregistré dans le champ de la revendication, de la demande, il est quand même présent. Il y a du « Elle ne peut pas » ! Et toutes les demandes de sa mère pour qu'elle franchisse ce « Elle ne peut pas » se révèlent évidemment inefficaces. Seulement, et là vous avez raison, ce n'est sans doute pas un impossible subjectivé au travers d'une demande. Ce n'est pas forcément un impossible qui agence ce qu'il en serait d'une plainte. Cette jeune femme ne se plaint de rien. Elle ne demande pas. A tel point, d'ailleurs, qu'elle ne mange pas, ne boit pas, ou presque, comme on l'a dit.

Psychose sociale et zapping subjectif

J.-P. LEBRUN : Quelles sont les conséquences de l'émergence de tels cas, d'une telle clinique, pour la vie collective ?

CH. MELMAN : Nous basculons, il faut bien le dire, dans la psychose sociale.

J.-P. LEBRUN : Pourquoi, tout à coup, alors qu'on parlait jusqu'ici de perversion, évoquer la psychose ?

CH. MELMAN : Le problème du rapport des perversions aux psychoses a toujours été un grand sujet de discussion. Aujourd'hui, c'est presque caricatural. Quand vous voyez des jeunes gens se promener dans la rue avec leurs casques pour soi-disant écouter de la musique, vous avez vraiment le sentiment d'assister à une sorte de tentative mécanique de produire un bruit hallucinatoire permanent. Comme si, ne supportant plus le silence de l'Autre *, nous devions entrer dans un monde où, sans cesse, il y aurait des voix, et des voix qui ne sont pas sans conséquences puisqu'elles vous submergent. On voit bien, en observant leurs mimiques, ou même le rythme qu'elles marquent, que ces personnes sont effectivement sous influence. On les voit prises dans une espèce de jouissance masturbatoire parfaitement autistique que suscite ce système hallucinatoire artificiellement créé. La relation à autrui est forcément minorée et désinvestie par rapport à la relation à ce système vocal.

Autre manifestation de ce phénomène : il est aujourd'hui normal de lire dans telle ou telle publication des articles clairement inconsistants, je veux dire des textes qui ne sont agencés par aucun « lieu », tenus par aucun lest qui vienne donner une cohérence aux arguments, aux éléments. Vous avez une première proposition, puis une seconde, une troisième, une quatrième... sans qu'on puisse repérer ce qui serait la référence commune de ces phrases par rapport à ce qu'elles veulent traiter ou à ce qui les suscite. Ces propositions se suivent, et vous avez le sentiment plutôt bête que n'importe quoi peut effectivement se dire. On pouvait parfois le constater avant, bien sûr, mais il fallait quand même que ce qui était écrit conserve apparemment un sens, sinon ça faisait problème. Ce n'est aujourd'hui plus nécessaire. En lisant votre journal, vous pouvez avoir la surprise de constater que son contenu est parfaitement incohérent, comme certains délires avant qu'ils ne déploient une dimension paranoïaque. Il y a une « diffluence ». Le journal télévisé, est-ce que ce n'est pas « diffluent » ? La position que prend le sujet – en l'occurrence le journaliste et, à sa suite, l'auditeur –, par rapport aux diverses informations énoncées, n'est jamais la même. Il n'y a aucune constance, aucune stabilité.

J.-P. LEBRUN : Oui, comme si, désormais, on pouvait échapper à la subjectivation...

CH. MELMAN : On n'y échappe pas. Le sujet fait ce que j'évoquais tout à l'heure : son appartenance à une communauté est parfaitement momentanée, il changera selon le lieu d'où il parle, comme on dit, selon l'information. Nous n'avons plus d'idéal assumé. Le zapping n'est pas seulement dans les images, il est aussi subjectif. Vous n'avez pas affaire en permanence au même sujet. Vous avez affaire à un visage si possible neutre et insignifiant, mais qui est le masque d'une subjectivité mobile. Vous ne savez jamais ce que pense réellement celui qui est là en train de vous parler, comme si lui-même ne pensait jamais rien qui soit ferme. Nous avons le bonheur d'être libérés des idéologies, mais pour laisser la place à quoi ? Comme le sujet est contraint néanmoins de faire référence à un système Autre, ce qui en tient lieu aujourd'hui, ce sont les informations. C'est là que se situe le pouvoir. Selon les informations que vous donnez, vous manipulez entièrement et parfaitement les récepteurs, vous les faites penser, éprouver et décider comme vous voulez. C'est pourquoi il n'y a plus aujourd'hui d'homme politique qui ose se passer de conseiller en communication, celui qui rendra le signifiant * maître. Ce n'est plus l'économiste, ni le stratège, ni le sage, ni le prêtre qui tient la première place, c'est l'homme de communication. Est-ce qu'on n'est pas là en plein dans un système psychotique ? C'est ce qui garantit l'efficace de cette manipulation mentale : le sujet n'a plus de recul possible face au discours qui lui est tenu, il est happé, pris dans les filets, enveloppé.

J.-P. LEBRUN : Sauf qu'il participe activement à ce système...

CH. MELMAN : Ce sujet n'est pas psychotique, mais il y participe, en effet, attiré par cette perspective, cette promesse que fait miroiter cette nouvelle économie : il est possible désormais d'avoir des vies multiples. Il y a peu encore, nous étions condamnés à mener une existence et une seule. C'est-à-dire, soyons précis : nous étions condamnés à avoir un certain type de jouissance, avec des histoires toujours identiques et en compagnie de personnages qui étaient de fait toujours les mêmes, des histoires donc qui se répétaient, même quand les partenaires changeaient. Ce qui nous est offert aujourd'hui, c'est d'éprouver des jouissances diverses, d'explorer toutes les situations. C'est ça le vrai libéralisme, le libéralisme psychique ! Sur le marché, on vous propose, comme si cela allait de soi, de participer à des existences multiples. Ce qui se traduit d'ailleurs dans la vie courante par ces parcours de jeunes aux existences effectivement multiples, dans le champ professionnel comme dans celui des expériences subjectives – y compris celles liées aux identités sexuelles. Allez-vous toute votre vie être condamné à être hétéro, à prendre tel parti ou aimer tel type de femme ? Aujourd'hui, on peut envisager cela autrement, adopter successivement toutes les positions qui sont offertes, avec parfois évidemment des effets de déréalisation. Ce n'est pas la polygamie, c'est la polysubjectivité.

J.-P. LEBRUN : Il s'agirait d'une vraie rupture d'avec le mode de vivre d'hier !

CH. MELMAN : Autrefois, si j'ose ainsi m'exprimer, c'est-à-dire avant-hier, une existence était organisée par son début et ce départ incluait déjà d'une certaine manière sa fin : on savait où on naissait et on savait où on allait mourir, et ce qui se passait entre les deux était relativement prévisible. Alors qu'aujourd'hui, il semblerait bien qu'on ait la possibilité d'avoir successivement plusieurs vies différentes. Des vies différentes du fait des conditions sociales, de l'exercice professionnel ou de l'exercice conjugal, mais aussi des vies où le sujet ne serait plus le même. On n'est pas le même, de telle date à telle date, comme s'il y avait cette possibilité de pratiquer plusieurs parcours totalement différents d'un point de vue subjectif. Et quand ce n'est pas simultanément, ce sera successivement.

Il est évident que tout cela amène au jour de nouveaux sujets, amène je dirais à ce que le champ de la réalité soit occupé par un homme nouveau, que moi j'appellerais volontiers « l'homme libéral », dont la question sera de savoir s'il sera ou non lesté d'un inconscient, ce qui ne paraît pas du tout obligatoire. Je me permets de rappeler que l'inconscient freudien, si nous nous fions à cet égard à l'enseignement de Lacan, est apparu à un moment très précis de l'évolution culturelle. Il pourra peut-être y avoir d'autres inconscients que l'inconscient freudien. L'inconscient freudien c'est l'inconscient qui parle, qui se donne à entendre, qui se mêle de mes affaires, qui vient me déranger. Le sujet est habité par un inconnu qui vient déranger l'ordre de son monde et dire : « C'est pas ça, la satisfaction n'est pas celle que je veux. » Il y a un désir qui m'anime et que j'ignore, et qui est cependant structuré, qui n'est pas n'importe quel désir, ni une fantaisie. Tel est l'inconscient freudien.

Quoi qu'il en soit, il y a aujourd'hui, dans notre clinique, un « homme libéral », un sujet nouveau, « sans gravité », dont la souffrance va, bien entendu, être elle-même différente. On observe de nouvelles expressions cliniques de la souffrance, car celle-ci, malgré le bonheur que la nouvelle économie psychique est supposée nous assurer, vient nous rappeler qu'il y a toujours quelque part un impossible, qu'il y a toujours quelque part quelque chose qui cloche. Et je vous donnerai comme exemple celui de ces deux jeunes hommes que je reçois, la quarantaine l'un et l'autre, qui appartiennent tous les deux à un milieu cultivé et qui ont comme problème – ils viennent me voir pour ça, chacun de son côté – qu'ils ne peuvent pas tenir en place. Alors il y en a un, charmant comme tout, mais qui ne peut pas tenir en place à côté de sa femme et de ses gosses ; il est obligé constamment de s'en aller, de partir. On ne peut pas dire qu'il n'aime pas sa femme, même s'il n'éprouve plus beaucoup de désir pour elle, et il garde beaucoup de tendresse pour ses enfants. Alors il est tout le temps ailleurs, et puis il revient comme au bout d'un élastique, mais c'est surtout pour les gosses, puis il est désolé de ce qui se passe, il en est confus, il n'en est pas heureux, et il ne comprend pas ce qui lui arrive. Et il est évident qu'avec les autres femmes qu'il rencontre, il ne réalise absolument pas quoi que ce soit qui lui permettrait de tenir une place. Pour l'autre jeune homme, ce qui se passe est du même type. Il est en relation avec une femme qui a toutes les qualités, qui l'aime, et qui a un fils qui n'est pas le sien mais auquel il est très attaché. Il y a entre eux une complicité, un lien, et malgré cela il ne peut tenir en place. Il est tout le temps à des milliers de kilomètres, quitte à ce que, évidemment, ses déplacements provoquent un certain désordre, et sans qu'il y trouve le moins du monde son compte.

Nous voyons qu'il s'agit là d'un effet de cette nouvelle économie psychique, qui ne ménage effectivement plus ce lieu où un sujet peut se tenir, ce lieu où un sujet peut trouver son *heim*, son « chez soi », savoir que là il est chez lui. Je dois dire qu'il s'agit de cas cliniques que, pour ma part, je ne rencontrais pas auparavant : je n'avais jamais vu des formes cliniques de ce type. Il faudrait d'ailleurs leur donner un nom, peut-être parler d'atopie constitutionnelle, trouver en tout cas comment exprimer à peu près ce à quoi elles nous confrontent. Et rendre compte de cette désolation de ne se sentir légitimé en aucune place dont elles témoignent.

J.-P. LEBRUN : On rejoint là ce dont vous parliez en évoquant des sujets flexibles...

CH. MELMAN : En tout cas, on peut voir là comment nous sommes près de la psychose !

J.-P. LEBRUN : Est-ce si évident ? Je me répète : vous parlez de perversion et en même temps vous dites que nous sommes dans la psychose...

CH. MELMAN : La perversion, dans cette affaire, est l'unique arrimage contre la psychose. Elle constitue maintenant le point fixe, le seul repère possible, la dernière boussole.

J.-P. LEBRUN : Sans doute, mais c'est comme si vous jouiez aux poupées russes : la perversion se révèle tout à coup être la défense possible contre cette sorte de psychose sociale...

CH. MELMAN : Effectivement, une défense contre une déréalisation totale qui menace, on le sait, avec ce nouveau régime de la subjectivité qu'on voit à l'œuvre. Tenez, prenez ces phénomènes migratoires que l'on observe sur nos routes, à l'occasion de ce qu'on appelle les vacances. C'est quand même étonnant. Pour être bien sûr qu'il s'agit de vacances, il faut que vous fassiez comme tout le monde, souffrir, passer par les embouteillages, par la douleur. La situation que je décris est sans doute parodique, mais tout le monde peut déjà l'observer. Quand vous entendez la radio annoncer un « dimanche noir » sur les routes, elle dit que votre comportement est parfaitement inscrit et prévu. Avant même que vous n'agissiez, on sait ce que vous allez faire. Le grand frère, Big Brother, est là, dans ce discours bienveillant, il dit : attention, dimanche, vous allez tous vous retrouver sur les routes. Vous vivez sans surprise, vous n'allez pas rentrer trois jours plus tôt ni un jour après. Voilà, c'est ça, cette nouvelle économie. On ne tient plus en place, mais tous en même temps.

J.-P. LEBRUN : Ne pourrait-on évoquer, à propos de « tenir en place » précisément, ces enfants hyperactifs que les pédiatres appellent hyperkinétiques ? Ce symptôme ne renvoie-t-il pas aussi à la nouvelle économie psychique ?

CH. MELMAN : Effectivement. Je pense par exemple à un petit enfant de trois ans, qui ne tient pas en place, et à qui on donne – comme aujourd'hui à beaucoup d'autres – de la ritaline, un produit destiné à le faire se tenir tranquille. Alors ce petit, pourquoi ne tient-il pas en place ? Il m'a été amené par sa mère. Cette jeune femme pourrait être assez belle, assez agréable, mais elle se présente comme volontairement négligée, sans grand souci de son apparence. J'apprends immédiatement qu'elle est maître de conférences dans une université de province et, en parlant un peu plus avec elle, j'entends qu'à l'évidence elle s'investit beaucoup dans son travail, dans ses amitiés, dans ses relations sociales. Le père du gosse est bien entendu parti, quand le gosse avait neuf mois. L'enfant voit celui-ci épisodiquement, mais, depuis son départ, toute une série d'hommes se sont succédé à la maison. Aujourd'hui, il y en a un qui semble stable, et qui porte le même prénom que le père. Lorsque l'on parle un petit peu avec la mère, on s'aperçoit de façon très claire que son enfant n'a aucune place dans son économie psychique. Il est là, bien sûr, mais, de fait, il ne compte pas. Car elle a organisé sa vie de telle façon qu'aucun trait de sa maternité ne puisse venir déranger les dispositifs qui lui conviennent, ceux qui correspondent aux souhaits d'une jeune femme active, intelligente, socialement intéressante... On aurait envie de dire que, chez elle, la maternité, symboliquement, n'a pu « s'installer ». Réellement, elle a ce gosse, mais voilà, c'est tout. Elle fait ce qu'il faut, pourtant. La directrice d'école lui a dit que ce n'était plus possible, qu'il faisait les quatre cents coups, qu'il embêtait sans cesse les autres enfants, donc elle me l'a amené. Mais, comme le montre la relation qu'elle entretient avec ce petit pendant qu'il est chez moi, elle se comporte vis-à-vis de lui comme une nourrice, une bonne nourrice. Je crois que l'enfant sent bien qu'il n'a pas de place chez elle, et qu'il n'en a pas non plus du côté du père, même si ce dernier le voit, le reçoit, etc. Cet enfant, pourrait-on dire, n'a pas de vocation, il n'est pas appelé. Il est là, mais il n'a pas été appelé à y être. Il est très intelligent, sympathique comme tout, mais très vite, j'ai pu le vérifier, il ne tient plus en place. J'ai parlé avec sa mère, devant lui, des hommes qu'elle avait été amenée à recevoir. Pendant ce temps-là, il était dans un état remarquable : ce n'était plus de l'agitation, mais de la frénésie. Quand on a terminé l'entretien, il a descendu les escaliers qui ramènent vers la sortie et, comme il a vu des gens en train d'attendre, il a dit tout haut, en descendant les escaliers, assez clairement pour que tout le monde l'entende : « Au revoir, méchant psychiatre ! » Il a trois ans, je le rappelle ! Et puis, il a éprouvé un remords, alors il est remonté dans mon bureau, et il m'a dit, mais sans le faire : « Je te fais un bisou. » Et il est reparti.

Manifestement, cet enfant est obligé, si je puis dire, de refouler ce qu'il vit comme étant l'impudeur de la vie privée de sa mère. Et il a ressenti évidemment comme une violence ma façon de venir mettre à plat cette histoire. Il s'agit d'un refoulement, mais d'un refoulement qui ne lui procure pas d'abri subjectif. Une scène primitive « classique », s'il était le témoin d'ébats entre son père et sa mère, serait aussi à refouler mais pourrait donner abri à sa subjectivité. Là, ce qui se produit, et qu'il vit comme étant à refouler, ne lui confère pas pour autant la moindre identité. Il avait neuf mois quand son père est parti. Or, ces hommes que reçoit sa mère, et qui changent, qui ne sont jamais « le même », sont là dans une position autre que celle qui aurait été celle d'un père. Ils ne lui permettent pas de soutenir une identification. Même si le refoulement originaire * est en place, il reste un problème non résolu : celui de savoir ce qui va ordonner les refoulements secondaires. Est-ce que les refoulements secondaires vont être homogènes, si je puis dire, avec le refoulement originaire ? Si ce qu'il y a lieu là de refouler est dans une position de scandale, de non-recevabilité par rapport au refoulement originaire, vous imaginez le type de désarroi auquel est condamné cet enfant. Alors, où peut-il se tenir? Nulle part!

J.-P. LEBRUN : Il reste néanmoins une difficulté majeure. Vous nous dites à nouveau : en fait, en tant qu'analyste, il n'y a rien à faire. Or, beaucoup de ceux qui viennent consulter des analystes peuvent très bien participer de cette économie. Alors la question se pose de toute façon : que faire?

CH. MELMAN : Un analyste ne peut « faire » que si on s'adresse à lui dans le registre du transfert *. C'est-à-dire s'il parvient à obtenir de son patient la mise en place d'une demande qui soit consistante, et qui s'adresse en dernier ressort à l'analyste. S'il n'y parvient pas, il ne peut rien. Cette jeune fille que j'ai vue et dont j'ai parlé ne demande rien. Elle est venue me voir avec sympathie, elle m'a dit qu'elle reviendrait, mais je suis à même de le prévoir, c'est peu probable. Un petit indice me laisse penser que, peut-être, elle se serait inventé un ancêtre juif : elle portait une étoile de David autour du cou, comme si elle avait voulu s'accrocher quand même à un fil généalogique, à une filiation. Mais c'était un fil ténu, une toute petite étoile de David au bout d'une toute petite chaîne, et qui semble plus fantasmagorique que tout à fait réelle. Il y a donc peu de chances que je la revoie...

La psychiatrie face à la nouvelle économie psychique

J.-P. LEBRUN : Je peux convenir que l'analyste est impuissant dans certaines situations. Mais le psychiatre? Que peut-il faire face à une telle organisation psychique?

CH. MELMAN : Vous savez bien, comme moi, ce qu'il fait, le psychiatre! Il distribue des *pharmakon*, des moléculesmédicaments qui sont aussi des poisons. Il faut plutôt nous demander si la psychiatrie, dont les privilèges sont différents, a le savoir qu'il faut pour peser dans le débat. Il est clair que, faute de le faire, elle risque de se retrouver mise au service de la déshumanisation, au rayon des gadgets chimiques. Alors, un simple vendeur, à sa place, pourra suffire. On en prend le chemin.

J.-P. LEBRUN : Vous ne laissez au psychiatre que peu de latitude ?

CH. MELMAN : Mais qu'est-ce qu'il fait ? C'est cela qui m'intéresse. Son comportement ne dépend pas de la latitude que je lui laisserais ou pas. J'ai vu encore très récemment une femme de 60 ans. À l'âge de 53 ans, elle a perdu ses parents, qui sont morts à huit jours d'intervalle – c'était un couple qui s'aimait. J'ai vu arriver une femme complètement figée par les neuroleptiques, manifestement dans un état de ralentissement cérébral, de maladresse gestuelle. Elle est venue me dire : « Je n'arrive pas à m'en sortir. » Se sortir de quoi ? Que lui est-il arrivé, sinon de se trouver dans un état de deuil ? Avec les neuroleptiques, on ne lui a pas laissé faire son travail de deuil, tout simplement. Alors quand vous me demandez « Et le psychiatre ? », que répondre ? Les psychiatres ont de plus en plus tendance à traiter les deuils comme des maladies, à confondre deuil et état dépressif. Beaucoup ne savent plus qu'un deuil, c'est normal !

J.-P. LEBRUN : On le voit d'ailleurs tout de suite, si l'on repère le vocabulaire qu'ils utilisent si souvent : « Vous faites une dépression... »

CH. MELMAN : C'est quand même fabuleux ! Mais, d'une certaine manière, ils ont raison, puisque la nécessité sociale, le travail, les devoirs familiaux, tout ça fait que vous n'avez plus le droit, aujourd'hui, de faire un travail de deuil. Il faut que vous soyez sur la brèche tout le temps.

J.-P. LEBRUN : La psychiatrie, selon vous, ne peut-elle que suivre le mouvement, donc participer à la mise en place de cette nouvelle économie psychique ?

CH. MELMAN : Les médecins, et en particulier les psychiatres, sont malheureusement devenus les serviteurs du pouvoir. On a été étonné par ce qui se passait en Union soviétique, où des médecins ont envoyé des opposants – ceux qu'on appelait les dissidents – dans des camps et des hôpitaux psychiatriques. Mais, chez nous, les médecins, avant d'être au service du malade, sont aujourd'hui au service de l'impératif social. Lequel, reprenons notre exemple, dit que le patient n'a pas le temps, ni le droit, ni la possibilité de faire un deuil : il faut qu'il soit à son poste de travail. Et s'il n'y est pas, c'est qu'il est malade, donc on lui donne des drogues. Des drogues qui l'empêchent de faire son deuil, qui le momifient. Toute une série d'affaires, comme celle du sang contaminé, ont bien montré quel est le prix à payer quand les médecins, ou plutôt la médecine, sont mis davantage au service du fonctionnement social que des patients. Ce que le pouvoir, quelle que soit sa couleur politique, veut désormais obtenir des médecins, c'est bien cela.

J.-P. LEBRUN : De remettre les patients en état de bien fonctionner, au travail comme ailleurs ?

CH. MELMAN : Il n'est pas besoin que cet ordre soit explicite. C'est le malade lui-même qui formule spontanément une telle demande, qui lui est inspirée par tout un système qui fait pression sur lui. La mère de famille vient voir le psychiatre et lui dit : « Mais il faut bien que je m'occupe de mes enfants. Il faut bien que je m'occupe de mon mari, sinon il va me lâcher ! Et j'ai ma mère qui est malade... » Et on répond à sa demande.

J.-P. LEBRUN : La tâche collective des psychanalystes, face à une telle situation, ne serait-ce pas d'abord de faire émerger, d'identifier clairement cette nouvelle économie psychique à l'œuvre ? Mais alors, évidemment, ils pourraient être tentés de se faire les défenseurs ou les apologues d'un autre type de fonctionnement social. Et, à cet égard, vous rappelez souvent que les analystes n'ont pas à être les gardiens du Symbolique, ou de la castration *...

CH. MELMAN : Non. Pas plus que du père ou de la religion.

J.-P. LEBRUN : Mais alors ? Le psychanalyste doit-il vraiment se résoudre à ne rien faire ?

CH. MELMAN : On ne fait pas rien puisque nous multiplions les colloques, les congrès, les interventions, y compris publiques, sur ces questions. Nous prenons même position dans le domaine judiciaire : nous sommes intervenus à propos de l'arrêt Perruche. Et nous sommes intervenus aussi à propos de la génétique, de la famille, des problèmes de filiation, de paternité, etc. On ne peut donc pas dire que nous ne fassions rien. Mais notre parole, c'est un fait, n'est pas reçue. Ou alors elle est détournée de sa finalité, c'est-à-dire mise au service des intentions dominantes, des discours dominants.

J.-P. LEBRUN : Mais comment pouvez-vous à la fois dire que « nous n'avons pas à être les gardiens du Symbolique, etc. » et entreprendre tout ce travail – notamment ici même – pour essayer de faire entendre ce qui se passe et les risques que cela comporte. N'est-ce pas contradictoire ?

CH. MELMAN : Nous ne sommes pas les gardiens du Symbolique, nous ne sommes pas non plus, en tant que psychanalystes, les gardiens de la pérennité de l'autorité paternelle. Nous n'avons aucunement à être nostalgiques d'un ordre patriarcal que nous voyons s'effondrer petit à petit. Mais dans notre pratique, je crois qu'il est bon que les analystes aient le soupçon de ce que l'analysant, le jeune qui maintenant vient sonner, attend, vient réclamer. Ce qu'il veut, c'est évidemment se confronter à travers la cure à ce type d'ordre qui permet d'accéder à une jouissance * qui aujourd'hui se dérobe continuellement à sa prise, une jouissance tenable. Mais nous n'avons pas pour autant, redisons-le, à nous faire les apôtres de la castration. Par ailleurs, hors du cabinet, nous pouvons simplement faire savoir ce que les psychanalystes, ou plutôt *des* psychanalystes, soyons modestes, sont à même de penser, de dire là-dessus. Et pour le reste, c'est comme pour une interprétation, vous ne pouvez contraindre personne à en tenir compte.

J.-P. LEBRUN : Bien sûr ! Mais vous ne libérez donc nullement, en fin de compte, l'analyste de sa responsabilité qui consiste à identifier cette nouvelle économie psychique et ses conséquences. Il ne peut pas dégager sa responsabilité...

CH. MELMAN : Il n'est absolument pas dégagé, pour reprendre votre terme, de sa responsabilité. Il doit être, au contraire, plutôt engagé, tout en n'ayant aucune illusion sur les limites de son action. J'ai participé récemment à une émission de radio sur la question de l'adoption des enfants par les couples homosexuels. Le contexte était frappant : tout était fait pour que j'apparaisse réac, rétro ou violent. Il était extrêmement difficile, face aux questions des journalistes, de faire entendre autre chose. La messe était dite, vous n'étiez là que pour servir de caution et d'amuseur !

Puisqu'il s'agissait d'une messe, le plus intéressant était de se demander d'où elle était dite et par qui. Il y avait là des gens fort divers, censés cultiver chacun leur propre réflexion, et néanmoins rassemblés, réunis dans une sorte de communauté par une espèce d'aimantation magique. Mais comment se constitue une telle communauté ? Le seul moment où, brusquement, il y a eu un accroc dans la cérémonie, c'est lorsque j'ai demandé à une journaliste : « Si jamais il vous arrivait quelque chose, est-ce que vous êtes d'accord pour que vos enfants soient confiés à un couple homosexuel ? » À mon adresse directe, elle a répondu : « Oui, bien sûr ! » Mais, à la sortie, elle était furieuse : « Vous m'avez intimidée ! » Je me suis étonné : « Comment ça, je vous ai intimidée ? On était en train de parler d'enfants qui pourraient aussi bien être les nôtres. Alors, est-ce que les nôtres... je ne vois pas en quoi... » Elle était très remontée, et je sais que je ne serai plus jamais réinvité. Cela se passait à une heure de grande écoute, sur les antennes d'une des stations les plus connues, entre 19 et 20 heures, à un moment où les gens sont dans leur cuisine ou dans leur voiture. Les auditeurs dont ils ont accepté les appels – l'émission était dite interactive – étaient tous contre moi. Je suis bien certain, pourtant, que parmi ceux qui téléphonaient, il devait bien y en avoir qui professaient un autre avis...

J.-P. LEBRUN : Là, vous prenez l'exemple d'une radio qui se soumet à cette fameuse prétendue loi du marché...

CH. MELMAN : Attendez ! J'avais été invité un mois plus tôt sur une chaîne de télévision, réputée de qualité, connue pour ses débats sur les grandes questions de société. C'était pire ! Je me suis retrouvé avec un journaliste qui a passé son temps à chercher à me piéger. Là aussi, on ne me réinvitera pas. Comme mes réponses ne coïncidaient jamais avec ce qu'il était persuadé que j'allais lui dire et qu'il avait prévu, l'animateur du débat était complètement déboussolé. Il y a désormais une espèce de communauté de pensée, qui n'est articulée nulle part, qui ne se réfère à rien de saisissable, mais qui s'impose à chacun des participants à de tels débats. Si vous n'y adhérez pas, si vous n'êtes pas en phase, vous êtes rejeté. Vous voyez que le libéralisme a des limites et des intolérances.

Que peut le droit?

J.-P. LEBRUN : Comment lisez-vous, dans tout ce contexte, la multiplication des recours à la justice, l'appel, de plus en plus fréquent, du social au droit?

CH. MELMAN : L'appel du milieu social au droit est de plus en plus important, vous avez raison de le relever. Compte tenu de la forclusion du ternaire, les rapports aujourd'hui ne peuvent plus être que duels. Et, inévitablement, cette dualité va contractualiser les conflits, c'est-à-dire conduire à ce qu'ils soient régulièrement vécus comme un manquement, attribuable à l'un ou l'autre, à un contrat tacite. Confronté à la recherche de ce tiers qui fait défaut, on se dirige vers le champ de la justice, à laquelle on reconnaît le mérite de traiter chaque sujet du droit comme égal et identique. Face à des problèmes liés à cette altérité radicale dont j'ai déjà parlé, fondatrice de rapports véritables entre les sujets, on va apporter des réponses en disant le droit sur le terrain de la similarité et de l'identité. Et on mettra d'ailleurs systématiquement la raison du côté du plus faible. Il y a là une opération de substitution au tiers symbolique qui fait défaut, d'un tiers bien réel. Mais ce tiers n'a plus rien à voir avec le tiers symbolique, avec l'autorité à laquelle on avait affaire auparavant – même et surtout quand on prétend la rétablir, cette autorité. La fonction de tout cela ? Il s'agit de faire en sorte qu'il n'y ait pas de différence des sexes. Que les partenaires puissent se réclamer identiquement du droit. On pouvait certes recourir à la justice quand le tiers symbolique était encore en place, mais différemment. Le droit d'un homme n'est pas forcément le même que celui d'une femme. Qui peut affirmer qu'ils ont les mêmes droits ? Ils n'ont pas les mêmes devoirs non plus. Mais aujourd'hui, le droit propose une réponse légale à toutes les principales causes de conflit soulevées par l'altérité et l'inégalité.

J.-P. LEBRUN : Iriez-vous donc jusqu'à dire que le droit lui-même pourrait être contaminé par cette nouvelle économie ?

CH. MELMAN : Mais il l'est ! Il l'est puisque le droit actuel stipule que toute revendication est légitime et doit être satisfaite, que sinon il y a injustice et dol. Si quelqu'un reste en souffrance de satisfaction, ce n'est plus acceptable, il doit y être porté remède et la justice s'en chargera. Le droit me semble donc évoluer vers ce qui serait maintenant, au même titre que la médecine dite de confort, un droit « de confort ». Autrement dit, si, désormais, pour la médecine, il s'agit de venir réparer des dommages, ceux par exemple dus à l'âge ou au sexe, il s'agit pour le droit d'être en mesure de corriger toutes les insatisfactions qui peuvent trouver à s'exprimer dans notre milieu social. Celui qui est susceptible d'éprouver une insatisfaction se trouve du même coup identifié à une victime, puisqu'il va socialement souffrir de ce qui sera devenu un préjudice que le droit devrait – ou aurait déjà dû – être en mesure de réparer.

J.-P. LEBRUN : Là où, avant, le droit organisait ses interventions à partir d'une fiction, d'un idéal de justice, vous introduisez l'idée d'un droit qui lui-même se soumet à cette nouvelle économie et ne fait plus que prendre acte de son fonctionnement. Vous ai-je bien compris?

CH. MELMAN : En effet. C'est ce que les juristes appellent la nécessité pour le droit de se conformer à l'évolution des mœurs.

IV

L'empreinte de la nostalgie

J.-P. LEBRUN : Vous décrivez l'émergence de cette nouvelle économie psychique et de ses avatars en nous faisant entendre comment elle se met en place sans idéologie organisatrice, comment elle s'organise à l'insu même des sujets...

CH. MELMAN : Complètement à leur insu, en effet. Nous sommes en passe d'abandonner une culture, liée à la religion, qui contraint les sujets au refoulement des désirs et à la névrose, pour nous diriger vers une autre où s'affiche le droit à l'expression libre de tous les désirs et à leur pleine satisfaction. Une mutation aussi radicale entraîne une dévaluation rapide des valeurs que transmettait la tradition morale et politique. Les figures pétrifiées de l'autorité et du savoir semblent s'être délitées d'une telle façon qu'on peut penser que le changement vécu est mené par le concours spontané de volontés individuelles, sans référence à un programme établi.

J.-P. LEBRUN : Et c'est certainement un des points vifs de ce que vous relevez. Par ailleurs, vous dites que c'est la conséquence d'un progrès, celui qui consiste à avoir pris la mesure de ce que le ciel était vide. Et vous avez relevé cette confusion entre, d'une part, constater que le ciel est vide, que l'Autre * est inhabité, et, d'autre part, croire qu'il n'y aurait pas d'Autre. C'est pour moi une confusion majeure, qui emporte toute une série de conséquences. Or, vous en parlez comme si passer de l'ancien régime, d'une économie psychique traditionnelle où l'ordre phallique règne plus ou moins en maître, où le patriarcat organise l'ensemble du social, à une nouvelle économie psychique, revenait seulement à tomber de Charybde en Scylla. Vous donnez ainsi l'impression, au travers de vos commentaires, qu'on ne verrait surgir aucune évolution, aucun mouvement qui pourrait être porteur ou utile. Est-ce que c'est une option délibérée ? Au fond, pour le dire d'une manière sans doute caricaturale, vous semblez affirmer : il y a soit le vieux système, le seul qui puisse fonctionner de manière à peu près satisfaisante pour préserver le sujet, soit le nouveau, mais avec les avatars dont on a parlé. Sommes-nous condamnés, soit à un retour en arrière – d'ailleurs improbable, même si on le souhaitait –, soit au tableau inquiétant que vous décrivez ?

CH. MELMAN : Je regrette que mon propos ait pu vous donner le sentiment que j'éprouvais la moindre nostalgie de l'ancien régime, une sorte de regret de la bonne vieille névrose de papa, de la névrose articulée autour de l'amour du père. Je ne souhaite aucunement qu'on en revienne, pour échapper au malaise actuel de la civilisation, à celui que décrivait Freud. Mais, et c'est là le problème, la façon dont on gère le malaise d'aujourd'hui conduit à accomplir le fantasme du névrosé, c'est-à-dire à imaginer que la perversion serait la guérison de la névrose. Or, nous le savons, la perversion, malgré les séductions qu'elle peut exercer, n'est pas, si l'on se réfère au point de vue psychanalytique, une solution plus tenable que les autres.

Quel est le point de vue psychanalytique ? Rappelons-le. La régulation de notre rapport au monde et à nous-mêmes, disons-nous, n'est pas soumise à l'arbitraire, ni au caprice, ni au contrat, ni à la simple bonne volonté. Autrement dit, nous n'avons pas la faculté de faire n'importe quoi. Il y a une Loi * et cette Loi, c'est celle que détermine le langage. Ce n'est pas une Loi qui, dans sa forme, dans son mode d'application, est fixée à jamais. Elle a pu, par exemple, se soutenir pendant longtemps de la religion. Or cela n'a pas empêché Freud de dénoncer cette forme de soutien de la loi comme relevant de la névrose : la religion comme névrose de l'humanité.

Aujourd'hui, se pose la question de savoir si le point où nous en sommes de notre développement culturel nous permet enfin – malgré toutes les résistances qui s'y opposent – d'accepter de reconnaître le déterminisme qui nous agence. La seule façon d'être humain, c'est de tenir compte de ce déterminisme que nous imposent les lois du langage. Nullement pour le célébrer, le vénérer ou s'engager dans la voie du scepticisme ou de la résignation. Mais plutôt pour que, la reconnaissance de ces lois acquise, il nous soit davantage possible d'examiner collectivement ce qu'avec elles nous pouvons faire. Et, en particulier, d'examiner si nous pouvons mieux résoudre la question de l'inconfort sexuel dans lequel vit l'humanité.

Tout ce que j'avance – sans rien proposer, parce que les psychanalystes n'ont pas à venir sur le devant (ni l'arrière) de la scène avec un programme ! –, en fin de compte, c'est que l'humanisme, s'il en faut un, aurait à reconnaître ces lois qui nous agencent. Et, à partir de là, nous devrions estimer qu'il s'agit non pas d'un ordre des choses en quelque sorte fatal, devant lequel nous n'aurions masochiquement qu'à nous incliner, mais d'un état de fait qu'il nous faut étudier, comme n'a cessé de le faire Lacan, afin de repérer la façon dont ces lois se prêtent à d'autres écritures, génératrices, peut-être, d'une meilleure résolution de nos symptômes et de notre rapport à nous-mêmes, au monde, à nos semblables, à la vie sociale, au « bien-être » donc.

Peut-être qu'émergera un jour ce nouvel humanisme. Ce dernier n'aura plus besoin, pour se soutenir, de l'hypothèse divine et il pourra alors s'affranchir de la névrose, de la culpabilité et du pardon, ainsi que des fausses audaces de la perversion. La morale ne sera plus écrite, ni enseignée, ni imposée, mais elle sera l'affaire propre du sujet, dans ce rapport avec la dimension de la perte qui, désormais déconnectée du sacré, reste pourtant essentielle pour que s'effectue une mise en place correcte du désir.

J.-P. LEBRUN : N'est-ce pas une forme d'utopie, ce que vous proposez là ?

CH. MELMAN : C'est en effet utopique. Parce que, en réalité, le « bien-être » a toujours été une notion équivoque, sans grandeur physique propre à le mesurer, une notion qui ne se prête qu'à des évaluations subjectives. Il est clair que, dans l'état actuel des choses, l'homme ne cherche pas le « bien-être ». Lacan disait que « ce à quoi l'homme aspire, c'est à l'enfer ! ». Alors, ne nous étonnons pas de ce qui se passe ! En réalité, il n'y a pas de force, ni culturelle, ni sociale, ni psychique, qui nous invite à nous sortir de notre malaise. Et c'est pourquoi vous m'entendez raconter tout cela en cultivant un certain pessimisme. Mais sans résignation.

J.-P. LEBRUN : Pourquoi rappelez-vous cette formulation forte de Lacan selon laquelle « ce à quoi l'homme aspire, c'est à l'enfer ! » ? Comment entendez-vous cela ?

CH. MELMAN : Mais parce que l'homme veut réaliser son fantasme *, et que la réalisation de ce fantasme, c'est l'enfer. Il n'y a de choix pour nous qu'entre le semblant * de la réalité et le réel de l'enfer.

Une troisième voie ?

J.-P. LEBRUN : Je me souviens d'une de vos interventions[1] où vous déclariez, à la suite de Lacan, que « prendre le Réel * comme moyen » – autrement dit, si je comprends bien, prendre le Réel pour nouer l'Imaginaire * et le Symbolique * [2] –, pouvait nous éviter de tomber sous l'emprise d'un excès du Symbolique – comme quand le patriarcat triomphait ! – autant que sous le joug d'un excès de l'Imaginaire – ce qui serait plutôt ce dans quoi nous nous trouvons désormais. Or, je vous ai entendu, très clairement, dire qu'il y avait à tracer une troisième voie. À quoi pourrait-elle correspondre ?

CH. MELMAN : Le problème, avec les troisièmes voies, c'est qu'elles invitent à mesurer les forces qui les soutiennent. Il faut qu'il y ait quelques forces qui s'y intéressent, qui aient envie de les explorer. Sinon, ce sont des voies de rêveur. On peut constater aujourd'hui que ces forces sont inexistantes.

J.-P. LEBRUN : Certes, mais à quoi, si elles pouvaient exister, ressembleraient-elles ?

CH. MELMAN : Aux volontés de renoncer au symptôme.

1. *Cf.* Charles Melman, Conclusion du séminaire d'été consacré au séminaire XXI de Lacan, « Les non-dupes errent », Turin, août 1997, in *Le Discours psychanalytique*, n° 19, février 1998.

2. Cela renvoie aux derniers séminaires de Lacan où il noue de telle façon les trois registres qu'il avait identifiés – Réel, Imaginaire et Symbolique – qu'il donne à chacun de ces registres une valeur égale, alors qu'au début de son œuvre, le Symbolique était en position prévalente.

J.-P. LEBRUN : Quand vous indiquez, par exemple, que sans transfert * il n'y a guère de possibilité d'agir, j'ai l'impression malgré tout que si c'est vrai pour l'analyste dirigeant une cure dans son cabinet, c'est un propos qui fait passer à la trappe tout ce qu'on pourrait appeler le psycho-médico-social ! Quand nous avons affaire à des gens qui sont vraiment englués dans cette nouvelle économie psychique, leur « prescrire » d'en sortir est quasiment inutile, voire impossible, mais...

CH. MELMAN : De toute façon, cette prescription, à coup sûr, serait sans effet. Ce qui prétendrait aujourd'hui s'opposer à l'impératif de la satisfaction accomplie – qui, en réalité, n'est accomplie, on l'a vu, que par l'épuisement des orifices ou l'éclipse du sujet, abruti, annihilé par le bruit, les images, les drogues, ce que l'on voudra – et tout ce qui prétendrait vouloir y introduire quelque tempérance, en remarquant comme nous venons de le faire que l'individu aspire à l'enfer, serait immédiatement repéré comme conservateur, rétrograde. Au point que les forces politiques traditionnellement réactionnaires refusent elles-mêmes de soutenir de telles positions, car elles savent qu'elles seraient aussitôt disqualifiées.

J'écoutais, l'autre jour, un leader de la droite – ce n'est pas si fréquent – prôner l'usage libre du haschich. Il s'agissait de quoi ? Il s'agissait bien sûr d'aller au-devant de la jeunesse, de se montrer moderne. Car il n'y a pas de voix qui puisse être entendue dans un autre registre, si ce n'est au risque d'être immédiatement cataloguée comme conservatrice. Et comme nous, psychanalystes, n'envisageons pas d'être les hygiénistes de la société à venir, nous ne pouvons simplement que constater les effets de l'évolution en cours. Dans l'ensemble, d'ailleurs, les gens – malgré tout ce dont ils se plaignent – ont l'air plutôt heureux. Pourquoi ? Parce qu'il y a eu égalitarisation – *é-ga-li-ta-ri-sa-tion* – des jouissances, désormais accessibles à tous... à peu près. Un retraité, par exemple, peut faire ces merveilleuses croisières réservées, hier, à l'aristocratie de sang ou d'argent. C'est cette sorte de distribution égalitaire des jouissances, de grande communauté autour de jouissances partagées, qui nous permet d'énoncer que, d'une certaine manière, dans nos contrées en tout cas, et même si souvent ils s'ennuient, les gens sont plutôt heureux. C'est pourquoi je parle de progrès. Et c'est pourquoi aussi notre société adore ces zones, ces régions qui, en revanche, peuvent être considérées comme les réserves du malheur et qui donnent à nos sentiments charitables l'occasion de s'employer...

Une égalitarisation des jouissances

J.-P. LEBRUN : Il est vrai que la multiplication des possibilités de jouissance offertes dans le cadre de la nouvelle économie psychique peut sembler favoriser, voire promouvoir l'égalitarisation des jouissances. Le vœu d'égalitarisme n'est-il pourtant pas voué à l'échec, n'est-il pas condamné à buter sur un impossible ?

CH. MELMAN : Nous avons vu se développer ces revendications d'égalité, de parité. Après tout, pourquoi pas ? C'est un idéal formidable. Il y a bien longtemps que cette aspiration égalitariste hante l'humanité. Mais, dans votre pratique de psychanalyste, avez-vous pu jamais observer un équilibre affectif, amoureux, social, qui serait fondé sur l'égalité, sur la parité ? Pourquoi cela ne marche-t-il pas ? Prenez un couple d'homosexuels. Ceux-ci, on le sait, s'efforcent de réaliser cette égalité et pourtant, immanquablement, on l'a déjà dit, il apparaît entre eux une dysharmonie, une altérité. Pourquoi ? Cela vient bien de quelque part. L'altérité, cette dimension que nous continuons de récuser dans nos revendications diverses pour assurer une identité de communauté et d'appartenance, est évidemment interne au langage lui-même, à la langue en tant que telle. On aura beau trépigner, mettre en place les lois que l'on voudra, cela ne changera pas et nos rapports resteront régis, organisés, par cette dimension de l'altérité, par la disparité.

Remarquons, par exemple, l'erreur de calcul commise par Simone de Beauvoir en intitulant son ouvrage *Le Deuxième Sexe* : qu'il y ait deux sexes, en effet, ne signifie pas que, forcément, l'un soit premier par rapport à l'autre. Le cardinal n'implique pas forcément l'ordinal. Il suffit en effet que les deux éléments soient autres, hétérogènes l'un par rapport à l'autre, pour ne pouvoir être rangés dans une même série. Il se trouve que c'est précisément le cas pour un homme ou une femme. De ce fait, ils représentent le paradigme de l'altérité.

J.-P. LEBRUN : On entend aussi de plus en plus parler – et c'est un concept sur lequel j'aimerais que vous disiez un mot – de « souffrance psychique ». Plus que jamais, on aurait affaire à des gens en souffrance psychique...

CH. MELMAN : Souffrance psychique, parce que c'est l'un des prix à payer du fait de l'émergence d'une nouvelle économie : l'existence du sujet se trouve oblitérée. Nous sommes tous devenus des sortes de fonctionnaires, nous sommes pris dans un système où nous avons à assurer, à garantir, à produire le « bien-être » et la satisfaction de ceux qui nous entourent. Y compris les parents, dont les nouveaux codes de la parenté vont spécifier très exactement les obligations en tant qu'éducateurs : ils doivent veiller sur le « bien-être » de leurs enfants. Tout manquement à ce nouveau rôle de fonctionnaires du système sera aussitôt passible de la loi : vouloir interdire la satisfaction du transsexuel, du couple homosexuel, de la femme âgée qui désire être enceinte – et d'autres types de satisfactions demain, sans aucun doute – relève désormais de l'offense à la morale. Le droit du citoyen, c'est le droit à une satisfaction parfaite et accomplie.

J.-P. LEBRUN : Le droit tout court sert aujourd'hui cette prétention à la satisfaction...

CH. MELMAN : Le droit, en effet, est mis au service de l'accomplissement de cette satisfaction. Ce qui y fait obstacle est balayé comme politiquement et moralement incorrect. Et n'a pas d'audience.

J.-P. LEBRUN : Ainsi, en France, on vient d'autoriser le sujet à choisir son patronyme ! Un sujet de réflexion pour les psychanalystes ! Qu'en pensez-vous ?

CH. MELMAN : On a légiféré sur le patronyme comme s'il s'agissait d'une question secondaire, comme n'importe quelle autre. Comme si on se disait : pourquoi faire endosser par le nouveau venu dans la famille une histoire, des dettes, des devoirs, des obligations, tout cet univers signifiant déjà là que le patronyme lui colle avant même qu'il ait eu le temps de crier. Peut-être que s'il crie d'ailleurs, l'enfant, c'est pour cela ! Parce qu'il a compris qu'il porte déjà un sacré poids. Il est intelligent, il réagit tout de suite ! Nous nous sommes affranchis du patriarcat, paraît-il, alors pourquoi pas le matronyme plutôt que le patronyme ? Personne, pourtant, ne remarque que le matronyme, dans le cas présent, n'en est pas un, c'est toujours un patronyme, puisque c'est le nom du père de cette femme. Toujours est-il qu'on va simplement valider, dans nos familles, cette vieille querelle, habituellement plus feutrée :

celle de savoir si les enfants « produits » dans le couple s'accrochent à la lignée du père ou à celle de la mère. Nous savons tous que c'est un déchirement très ordinaire, qu'il y a bien longtemps que la famille patriarcale a vécu, que nos règles de l'échange se sont assouplies et qu'il arrive fréquemment que les gosses, même quand ils portent le nom du papa, viennent en réalité poursuivre la lignée de la maman. Dans le même mouvement, on va bientôt autoriser tous les prénoms, même les plus fantaisistes, comme c'est déjà le cas aux États-Unis où l'on entend, dit-on, homogénéiser ainsi la multiplicité culturelle. Nul ne se demande ce que cela implique comme détermination humanisante pour l'enfant de venir s'inscrire dans une lignée, dans une mémoire, et d'avoir à l'endosser, notamment par la nomination.

Le destin des grands textes

J.-P. LEBRUN : C'est à nouveau la question de la dette qui se trouve ainsi annulée ! Vous évoquez parfois, et ce n'est pas sans rapport, ce fait que nous ne nous référons plus aux textes, à ces textes auxquels nous devons tant...

CH. MELMAN : Notre culture se spécifie d'avoir toujours été dépendante, depuis les Grecs, de grands textes, qu'ils soient laïques ou sacrés, ou même prescriptifs et politiques. Grands, en ce sens que leur poésie s'est trouvée être organisatrice de notre morale et de notre conduite. Je pense aussi bien à Homère, dont les écrits ont été véritablement des soutiens, des guides, l'étoile de ces populations qui ont tout inventé pour nous, qu'aux textes que nous avons traités ensuite comme des textes sacrés ou des récits tutélaires, propres à nous guider, du Pentateuque aux Évangiles et jusqu'à Marx. Je vous fais remarquer qu'à leur endroit nous avions pendant des siècles adopté une attitude d'herméneute.

Ces textes mettent en place, grâce à leur écriture poétique, un certain nombre d'impossibles, que l'on peut interpréter comme des interdits. Et ils évoquent les diverses façons de les traiter. Prenons Homère. Dans *L'Iliade* et *L'Odyssée*, il relate des expéditions, des rencontres admirables et incroyables, des dangers à affronter, mais aussi, et en même temps, la découverte par une population du pouvoir trompeur de la parole, et ce qu'il pourrait y avoir de légitime dans son usage trompeur. Voilà, parmi d'autres, un apport du texte qui, déjà, témoigne d'une réflexion qui me paraît intéressante.

Avec les textes sacrés, on a affaire là aussi, me semble-t-il, à une forme picaresque. Le Pentateuque rapporte une série de voyages, d'aventures, fort réalistes d'ailleurs, dans une langue d'une crudité admirable, que malheureusement la traduction française a gommée. D'autres traductions ont permis d'éviter cet affadissement et ont même permis au texte d'influencer, voire de produire des caractéristiques nationales essentielles, aussi bien chez les Anglais que chez les Allemands, par exemple. La version très directe, très sauvage du Pentateuque dont disposent les Anglais, en particulier, porte encore à conséquence aujourd'hui. Dans ces textes sacrés, on épuise les diverses combinaisons possibles en matière de rencontres familiales et sociales et on met en avant, on valorise les conduites considérées comme étant les moins mauvaises. Prenons un exemple : le droit d'aînesse. Il est quand même extraordinaire de voir que, dans le texte premier du Pentateuque, le « personnage » finalement reconnu, valorisé, c'est le petit débrouillard qui aura manifesté que l'aîné, qui estime que tout lui est dû de droit, doit en réalité bosser, travailler, alors que lui, le cadet, se comporte pourtant d'une façon parfois dramatiquement fâcheuse, voire même criminelle. Voilà comment ces textes ont fait que les choses se passent « comme il faut » pour que les générations se perpétuent. Ils renferment un savoir considérable, qui ne cesse de nous inspirer et d'être là.

Vis-à-vis de ces grands textes, nous avons vécu dans une position transférentielle, au sens psychanalytique du terme. Un transfert * radical et permanent que pouvaient évidemment susciter ces écrits, en tant que dépositaires du savoir. Des écrits, donc, susceptibles de nous tenir par la main et, du même coup, de nous aider à tenir debout.

J.-P. LEBRUN : C'est d'ailleurs ainsi qu'*a contrario* Lyotard avait défini la postmodernité : la fin des grands récits ! Cette dette à l'égard des grands textes ne serait-elle plus de mise aujourd'hui ?

CH. MELMAN : Je ne le pense pas. En revanche, c'est ce qu'entreprend de nous faire croire l'idéologie cognitiviste – car il s'agit effectivement d'une idéologie, on peut le montrer. Que stipule le cognitivisme ? Nous recevons du monde un certain nombre d'informations qui sont directement traitées par la machine que nous sommes – nous nous trouvons en effet assimilés par cette approche non pas à un animal mais à une machine, à quelque chose qui se définit comme un ensemble de circuits. Grâce à ce traitement, nous serions à même, face aux situations qu'on rencontre, de fournir des réponses qui pourraient être adaptées et correctes... si nous étions suffisamment bien orientés. Et si, de fait, nous souffrons de défauts, il s'agit de défauts dans le traitement des informations reçues, donc il n'est qu'à procéder à des réhabilitations de circuits, de procédures, pour y remédier. Il suffit que nous soyons bien branchés ! Cette idéologie nous intéresse en ce qu'elle emporte avec elle ce fait de nous dé-saisir de toute référence « verticale » –

notamment aux grands textes – pour l'organisation de notre conduite. Des références qui sont pourtant toujours venues organiser notre rapport au monde. Un rapport au monde qui n'a jamais été naïf, innocent ni direct.

Un sujet enfin libre !

J.-P. LEBRUN : Puisque nous parlons de dette, j'ai envie de poser une question, un peu provocante, qui vous permettra peut-être de préciser votre pensée. On connaît la fameuse formule de Lacan : « L'analyste ne s'autorise que de lui-même. » Ne pourrait-on pas, d'une certaine manière, l'appliquer au sujet ? Un sujet, n'est-ce pas justement quelqu'un qui, en fin de compte, pourrait ne se soutenir que de lui-même ?

CH. MELMAN : Le problème, c'est que le sujet est phobique, il a besoin de quelque cheval [1] qui vienne soutenir les limites de son territoire, lui dire quelles sont les limites à ne pas franchir. C'est ça, la difficulté ! On souhaiterait certainement voir exister un sujet qui ne s'autoriserait que de lui-même, mais ce sujet-là est utopique. Lacan disait certes que le désir ne pouvait que s'autoriser de lui-même, mais, de fait, c'est plutôt rare... C'est possible évidemment, et heureusement ; mais ce n'est pas le cas le plus fréquent.

J.-P. LEBRUN : En même temps, avec un sujet qui ne s'autoriserait que de lui-même, n'approcherait-on pas d'une définition de l'individualisme sans bornes qui se développe aujourd'hui ?

1. Allusion à un des « cas » célèbres de Freud, évoquant la phobie du petit Hans, qui s'était « organisé » une peur du cheval pour délimiter son territoire. Le signifiant * phobique a pour fonction, en effet, de servir de repère autour duquel le sujet peut organiser son existence. *Cf.* Sigmund Freud, *Cinq Psychanalyses*, PUF, 1967.

CH. MELMAN : Ah non, pas du tout ! S'autoriser de soi-même n'est pas du tout fonctionner sans bornes. C'est, au contraire, reconnaître les bornes qui limitent sa propre existence, autrement dit qui la permettent et qui évitent son annihilation dans le coma de la satisfaction accomplie.

J.-P. LEBRUN : Ce discours sur les limites, comme tout ce que vous soutenez ici, j'ai l'impression, pour le dire d'une façon simple, que vous l'énoncez à partir d'une place d'autorité dont la génération qui vous suit ne dispose plus...

CH. MELMAN : Je suis bien d'accord...

J.-P. LEBRUN : Vous êtes à même d'émettre une série de constats étant donné la place que vous occupez, mais vous ne vous apercevez peut-être pas qu'au fond, cette place, la génération qui vous suit ne l'a déjà plus, qu'elle ne peut plus compter sur son existence. Elle n'a dès lors d'autre issue que de devoir, un cran plus loin, tenir compte de ce que, par ailleurs, vous décrivez. Et c'est une vraie difficulté pour les psys, les éducateurs et bien d'autres. Prenons justement la question de l'autorité. Celui qui aujourd'hui commence sa vie professionnelle, par exemple un jeune enseignant, est contraint, pour légitimer son autorité, de se confronter à ces mécanismes dont vous avez fait très bien apparaître les impasses. Donc, de plus ou moins les accepter. Et on peut penser qu'il risque par là même de conforter ces mécanismes, de s'engouffrer dans cette nouvelle économie psychique. Que faire face à une telle situation ? Comment pourrions-nous la prendre en compte et, dans le même mouvement, venir en aide à ceux qui essayent envers et contre tout de réagir, de refuser la résignation bien qu'ils n'aient plus les armes dont vous semblez encore disposer...

CH. MELMAN : Vous semblez, à nouveau, plus ou moins révolté par l'idée qu'il pourrait ne pas y avoir d'issue satisfaisante, qu'il n'y ait pas de voie royale pour contenir les conséquences de l'irruption de cette nouvelle économie psychique...

J.-P. LEBRUN : Je veux bien assumer cette révolte, oui...

CH. MELMAN : C'est effectivement une bonne question. Est-ce qu'il y en a une, de voie ? Je vous rappelle ce propos de Lacan : « Le prolétaire est serf non pas du maître, mais de sa jouissance *. » Cette phrase est d'une richesse considérable. Eh bien, ce que nous voyons aujourd'hui, c'est précisément cela : il n'y a plus de maître, dans nos cultures, le patron, c'est la jouissance. De telle sorte qu'on assiste, si vous me permettez ce commentaire ironique, à une étonnante victoire prolétarienne que Marx n'avait pas prévue : la prolétarisation de l'ensemble de la société. Tous prolétaires ! Tous serviteurs ! Tous des captifs, obéissants vis-à-vis de la jouissance ! Le grand événement, comme on l'a déjà montré, c'est qu'il n'y a plus de jouissance phallique. Il n'y a plus de jouissance aujourd'hui que de cet objet « construit » à partir des objets partiels, cet objet que Lacan a nommé l'objet petit a *. Nous vivons, en Occident, dans le culte du déshonneur. L'honneur n'est plus une valeur, ne vaut plus rien sur le marché, paraît désuet, voire réactionnaire. Rien d'étonnant puisqu'on assiste au triomphe de l'objet petit a, c'est-à-dire du déchet. Il n'y a qu'à voir à quoi ressemble le style de nos rapports... Mais, pour en revenir à votre question – pour s'en sortir, y a-t-il une autre voie ? –, je dirai qu'à mon idée, ce qui vous paraîtra pessimiste, il n'y en a pas. Ne serait-ce que parce que le vœu profond de l'humanité, c'est de mourir, de disparaître.

J.-P. LEBRUN : L'accomplissement de la pulsion de mort, donc !

CH. MELMAN : L'accomplissement de la pulsion de mort, en effet. Freud s'en était déjà étonné, mais c'est le vœu de l'humanité. Et, d'une certaine manière, on pourrait dire que nous sommes en marche vers la réalisation de ce vœu. Ce fameux objet a *, ne le retrouve-t-on pas derrière la figure de la pollution, qui devient effectivement, dans la réalité, menaçante. Nous sommes de plus en plus en mesure de rendre la vie impossible à la surface de notre planète, et nous nous y employons, notamment en encourageant un certain type de développement industriel des pays dits du tiers-monde qui conduit à des modes de production particulièrement polluants. Et, dans le même mouvement, comme nous l'avons vu avec le protocole de Kyoto, les États-Unis donnent l'exemple en refusant de s'engager dans le contrôle de leurs propres excès !

Comment interpréter de tels comportements alors que les spécialistes savent que le danger est réel de dérégler le fonctionnement de la planète à un point qui rende la vie biologique impossible ? La vie biologique, la nôtre, est un accident : un accident n'est pas forcément éternel !

J.-P. LEBRUN : À propos de la pulsion de mort, vous vous souvenez sans doute que Freud a ajouté, dans sa deuxième édition de *Malaise dans la civilisation*, parue peu après l'entrée des nazis au Reichstag, une phrase à la fin de son texte où il évoque la lutte entre deux adversaires : pulsions de vie et pulsions de mort. Une phrase qui dit simplement : « Mais qui peut présumer du succès et de l'issue ? »

CH. MELMAN : On peut même dire, si on se fie aux grands cas que Freud a étudiés et qu'il rapporte, que c'est la pulsion de mort qui, chaque fois, l'emporte.

J.-P. LEBRUN : Est-ce inéluctable ? Vous pouvez préciser ?

CH. MELMAN : L'histoire de Dora [1], ça s'est terminé comment ? Par une petite bonne femme toussoteuse, maigrichonne, malade, et qui est morte à un âge précoce. L'Homme aux Rats a disparu au front. L'Homme aux Loups a été un malade à perpétuité, qui vivra même comme un malade « professionnel », toujours en représentation jusqu'après la retraite ! Le Petit Hans est peut-être celui qui s'en est le mieux sorti, en donnant à sa vie un tour complètement différent, en se consacrant à la musique. Et encore allait-il si bien ? Je ne sais pas, je ne connais pas les documents dont on dispose sur sa vie d'adulte. On ne voit aucun cas, parmi les grandes psychanalyses de Freud, dont il y ait spécialement lieu de se réjouir. Quant aux analystes qui entouraient Freud, c'était une bande de redoutables cinglés, souvent agressifs et méchants. Et je ne vais évidemment pas me mettre à évoquer ceux qui entouraient Lacan, je vous laisse juge. Est-ce que ce que la psychanalyse met au jour, ce n'est pas finalement le vœu profond de tout sujet d'en finir avec tout ce qui le dérange. Donc il en a marre, du sexe. Certes, c'est la condition de la reproduction, mais pourquoi ne pas la déléguer ?

J.-P. LEBRUN : Pensez-vous que la possibilité de faire barrage à la pulsion de mort s'est réduite dans le cadre de la nouvelle économie psychique ?

1. Sont ici évoqués successivement les cas les plus célèbres de Freud. *Cf. Cinq Psychanalyses*, voir supra.

CH. MELMAN : Le propre de la nouvelle économie psychique, c'est qu'elle n'incite absolument pas à contenir la pulsion de mort, elle y aspire ! Quand on n'a d'appétit que pour la satisfaction accomplie, le maintien de la vie ne constitue à aucun moment un facteur restrictif.

J.-P. LEBRUN : Donc, si cette économie nouvelle devait totalement prévaloir, nous serions d'autant plus agis par la pulsion de mort...

CH. MELMAN : Absolument.

J.-P. LEBRUN : Nous opposerions de moins en moins de résistance face à celle-ci...

CH. MELMAN : Certainement. Vous me direz peut-être que c'est en contradiction avec toutes les statistiques, qui montrent un allongement de la durée de vie. C'est vrai, c'est absolument en contradiction.

J.-P. LEBRUN : Sans doute, parce que l'allongement de la durée de vie ne signifie pas nécessairement qu'on vit plus, qu'on vit vraiment, comme on sait...

CH. MELMAN : Il ne suffit pas, en effet, d'allonger la durée du parcours pour être davantage dans la vie.

Le père aujourd'hui ? Un comique...

J.-P. LEBRUN : Pourrait-on revenir un moment sur ce que vous avez dit précédemment, à savoir que la vindicte contre le père, en fin de compte, est une vindicte contre le désir sexuel.

CH. MELMAN : C'est une vindicte contre le sexe. Car – revenons-y – qu'est-ce que c'est qu'un père, si ce n'est celui qui vient introduire, dans ce qui est la douceur du lien entre une mère et son enfant, la violence traumatique du sexe. Qu'est-il d'autre ? Il est celui qui vient briser l'harmonie – délicieuse ! – qui caractérise les rapports entre une mère et son enfant. Et de façon brutale.

J.-P. LEBRUN : Sans doute. Mais le patriarcat repose-t-il purement et simplement sur cette dimension-là du père ?

CH. MELMAN : Le patriarcat est le type d'ordre qui, en instaurant cette cassure et cette dysharmonie entre la mère et l'enfant, introduit celui-ci à la vie sexuelle. C'est ça, le patriarcat. Un ordre qui, d'abord, agence le statut subjectif de l'enfant et, ensuite, en même temps, lui ouvre l'accès à la génitalité.

J.-P. LEBRUN : Mais on peut aussi dire que le patriarcat, quand même, n'avait pas que des vertus. En particulier, il est apparu incapable de permettre la reconnaissance du désir des femmes, de la parole des femmes...

CH. MELMAN : Mais qui a dit qu'il existait un désir féminin ? Qui a dit qu'il existait une parole féminine ?

J.-P. LEBRUN : Quand même, concrètement, vous ne pouvez pas nier que depuis que le patriarcat a été remis en cause, on a observé, en particulier, que les femmes avaient plus facilement accès à la parole !

CH. MELMAN : Il n'y a pas de parole masculine ou féminine, il y a une parole tout court. Et le désir n'est pas féminin ou masculin, il est, tout court. C'est ce que Freud a remarquablement fait apparaître : la libido est *une*.

J.-P. LEBRUN : Oui... mais je ne peux pas vous suivre pour autant quand vous envisagez ainsi le patriarcat, en l'assimilant simplement à un ordre lié à un père « traumatisant », celui que vous venez de décrire. N'est-ce pas réducteur ?

CH. MELMAN : Mais, sinon, il n'y a pas de père ! Si le père n'est pas celui-là, alors c'est un rigolo, ce n'est pas un père. Dans certaines sociétés africaines, où le géniteur passe simplement de temps en temps dans le lieu où habite sa femme avec les enfants qu'il lui a faits pour échanger quelques plaisanteries, c'est justement le frère de la mère – c'est ce qu'on appelle l'avunculat – qui représente l'autorité vis-à-vis des enfants.

J.-P. LEBRUN : Donc selon vous, en dehors du patriarcat, point de salut. S'il disparaît, on est condamné à passer à la nouvelle économie psychique...

CH. MELMAN : Je n'ai pas dit qu'il n'y avait pas de salut en dehors du patriarcat. Je ne suis en rien un défenseur du patriarcat ! Je suis simplement en position d'analyste, donc en position de rendre compte d'un certain nombre de phénomènes. C'est tout. Je n'ai ni à attaquer ni à louer ces évolutions que je constate.

J.-P. LEBRUN : Reste cette question : l'existence du patriarcat est-elle nécessaire, indispensable même, pour que la place du père soit reconnue ?

CH. MELMAN : La place du père, en effet, ne peut dépendre que du patriarcat. Sinon, le père, c'est ce bonhomme que nous connaissons aujourd'hui, un pauvre type, voire un comique. D'où peut-il tirer son autorité, dans une famille, si ce n'est de la valeur accordée au patriarcat ? Un père ne peut pas s'autoriser de lui-même, il ne peut s'autoriser que du patriarcat. Et s'il veut à tout prix s'autoriser de lui-même, on a affaire au père violent, brutal, à celui que, parfois, on va traîner devant le juge.

J.-P. LEBRUN : Vous nous dites, au fond, qu'on ne repère pas assez que l'autorité limite le pouvoir...

CH. MELMAN : Je souscris entièrement à ce que vous venez de dire : l'autorité, c'est ce qui fait limite au pouvoir. Et quand les régimes théologiques veulent assurer la collusion, pour en revenir à une de vos questions, entre le pouvoir et l'autorité, c'est une catastrophe. Parce qu'on aboutit à légitimer des pouvoirs qui n'ont plus aucune limite.

J.-P. LEBRUN : Vous pensez à quoi concrètement ?

CH. MELMAN : Je ne saurais pas être plus clair : c'est ce qu'on appelle l'intégrisme.

J.-P. LEBRUN : Mais on peut aussi, me semble-t-il, voir les choses autrement. N'est-ce pas quand on ne laisse plus assez de place à l'autorité qu'on redonne aussi, d'une autre façon, une ouverture au pouvoir, qu'on le renforce ?

CH. MELMAN : Sans doute. Mais le moyen le plus simple de le renforcer, c'est quand même de confondre pouvoir et autorité. Quand celui qui a l'autorité est en même temps celui qui a le pouvoir, c'est direct, et sans limitation possible.

J.-P. LEBRUN : Pensez-vous que le patriarcat est directement lié au religieux ?

CH. MELMAN : Les faits montrent qu'il n'en est rien. Le patriarcat, tel qu'il a existé chez les Romains, est apparu bien avant et indépendamment de l'établissement de la religion chrétienne. On avait alors affaire à une autorité civile, qui se suffisait à elle-même.

J.-P. LEBRUN : Si l'on admet que le lien religion-patriarcat n'est pas nécessaire, c'est un point capital. Vous soutenez vraiment cette thèse?

CH. MELMAN : Elle est historiquement attestée.

J.-P. LEBRUN : Au total, donc, selon vous, il n'existe vraiment pas d'autre solution que le patriarcat pour assurer sa place au père, pour que l'exercice de la paternité s'avère possible, autorisé, autrement que sur le mode de la violence?

CH. MELMAN : Absolument. Il n'y en a pas d'autre. J'ai déjà évoqué ailleurs [1] ce qui se passe dans les sociétés où, pour des raisons historiques, liées parfois à la colonisation, les communautés n'ont conservé aucune référence à la figure d'un père commun. Les pères, dans ces conditions-là, sont simplement des visiteurs nocturnes sexuels. Ils n'ont pas d'autre pouvoir. Ils en sont réduits à leur rôle de géniteurs, de reproducteurs, comme en zoologie.

J.-P. LEBRUN : Comme en zoologie! Serait-ce là une manière de parler de la modification du rapport à l'inconscient qui s'annonce avec l'avènement cette nouvelle économie psychique?

1. *Cf.* Charles Melman, « Le complexe de Colomb », in *D'un inconscient post-colonial s'il existe,* publications de l'Association lacanienne internationale, Paris, 1995.

CH. MELMAN : C'est, bien entendu, une question essentielle. Je ne crois pas qu'on puisse la traiter *ex abrupto*. Disons cependant, j'y reviens, que je pense que nous allons vers une disparition, non pas de l'inconscient, au sens freudien du terme, mais du sujet de l'inconscient. On aura affaire en quelque sorte à un inconscient qui n'aura plus d'interlocuteur. Il n'y aura plus ni envie de se faire reconnaître, ni non plus énonciation au titre de sujet. Nous aurons là un singulier, un étrange retour à ce qui était la situation précartésienne, d'avant l'apparition du « je » du cogito. Il y aura des voix des profondeurs, des voix diaboliques que le sujet ne reconnaîtra pas comme siennes. Il ne paraît pas du tout exclu que nous allions assez rapidement vers une telle configuration.

J.-P. LEBRUN : Cela veut-il dire, là encore, que nous allons vers la psychose plutôt que vers la perversion ?

CH. MELMAN : Lacan vous aurait peut-être répondu que nous sortons de la paranoïa pour entrer dans la schizophrénie !

Un sujet apatride

J.-P. LEBRUN : Pouvons-nous revenir vers la clinique et continuer à essayer de distinguer les traits les plus saillants qui caractériseraient un sujet fonctionnant dans cette nouvelle économie psychique...

CH. MELMAN : Il faudrait d'abord préciser quel est, aujourd'hui, le statut du sujet.

J.-P. LEBRUN : Vous avez dit que le sujet, tel que nous le connaissons, était aboli...

CH. MELMAN : Et que le sujet ne trouvait plus aujourd'hui un *heim*, une maison, une place...

J.-P. LEBRUN : Qu'il était sans abri, qu'il n'avait plus d'abri...

CH. MELMAN : Qu'il n'avait plus d'abri, et que, d'une certaine façon, il était aussi devenu apatride. Je pense que les mouvements régionalistes actuels rencontrent un certain succès car ils représentent une réaction face à ce caractère de plus en plus apatride du sujet. Un sujet qui, du même coup, a perdu ses références historiques. Et qui se trouve libéré du rapport traditionnel qui lie l'existence du sujet à une dette symbolique qu'il aurait à payer...

J.-P. LEBRUN : Quand vous dites « perte de références historiques », on peut aussi très bien l'entendre dans la clinique individuelle : des gens qui viennent nous voir et qui se disent sans histoire, sans repères qui spécifient leur parcours...

CH. MELMAN : Exactement. On voit apparaître dans la réalité cet « homme sans qualités » dont a parlé Musil. Avec une existence que, d'une certaine façon, on pourrait juger affranchie, libérée, mais qui s'avère, d'un autre côté, extrêmement sensible aux suggestions. L'absence de repères, de lien avec un Autre *, corrélatifs d'un engagement du sujet, le rend extrêmement sensible à toutes les injonctions venues d'autrui. Ainsi, on l'a dit, la presse et les médias – ce qu'on appelle le quatrième pouvoir – sont venus se substituer à cet Autre auquel on se référait autrefois à travers le poids de l'histoire, de la religion, de la dette. Il en résulte un sujet éminemment manipulable et manipulé. Même si on le met théoriquement au centre du système, comme s'il était le décideur. Ce seraient ses choix, ses options, ses comportements, de consommateur en particulier, qui décideraient, dit-on, de l'organisation de son monde. Ce qui justifie qu'on ne cesse de le sonder. Mais ses réponses aux sondages ne sont rien d'autre que ce que, la veille, on lui a inculqué.

J.-P. LEBRUN : On voit apparaître là un niveau supplémentaire de mainmise sur le sujet. On n'a plus recours aux méthodes traditionnelles, comme quand les totalitarismes utilisaient ouvertement et délibérément les techniques classiques de contrôle et de propagande pour avoir prise sur le sujet. Aujourd'hui, pour réaliser cette mainmise, on agirait en évidant le lieu même du sujet...

CH. MELMAN : Exactement.

J.-P. LEBRUN : On est arrivé à créer une sorte de non-lieu sur le lieu du sujet...

CH. MELMAN : On peut tout à fait le dire ainsi. Mais ce que nous avons aujourd'hui à penser, c'est surtout une forme d'identification qui, me semble-t-il, n'a été repérée ni par Freud ni par Lacan et qui consiste dans l'organisation de communautés rassemblées autour d'une même jouissance *.

Un lien social pauvre

J.-P. LEBRUN : Vous voulez évoquer là, je suppose, tous ces rassemblements autour d'une même passion, ou d'une même préoccupation, aussi bien des malades atteints de telle ou telle affection que des joueurs de scrabble ou des philatélistes... Mais le lien social que créent, que proposent ces communautés d'intérêt, en est-il vraiment un?

CH. MELMAN : C'est un lien social évidemment très pauvre, puisqu'il est seulement fondé sur l'appui pris dans autrui, dans la mesure où autrui partage la même jouissance. Et cette jouissance, du fait même de la similitude de ses adeptes, de ses protagonistes, devient une jouissance unisexe...

J.-P. LEBRUN : et en miroir...

CH. MELMAN : et en miroir.

J.-P. LEBRUN : Dans ce dispositif, quel est le destin des instances psychiques? Qu'en est-il du surmoi * dans une telle économie? Et que devient l'idéal du moi *? Qu'en reste-t-il?

CH. MELMAN : Ces deux instances sont toujours aussi actives. Peut-être auront-elles même tendance à être déchaînées. Car l'idéal du moi se confond aujourd'hui de plus en plus avec le moi idéal *, en tant que le sujet aurait à assurer sa propre représentation d'une façon qui soit aussi scénique, aussi esthétique que possible. Et cela alors que le surmoi tiendrait toujours sa place traditionnelle d'injonction à la jouissance [1], injonction même d'aller au terme de la jouissance. Le surmoi a toujours comporté cette injonction, mais dans la configuration actuelle, effectivement, et ce n'est pas une petite différence, il n'y a plus rien qui le bride.

J.-P. LEBRUN : Ce qui nous renvoie à ces jeunes que vous avez évoqués et qui ont un tel besoin de décibels qu'ils en

1. Rappelons que la lecture lacanienne du Surmoi diffère de celle de Freud : pour Freud, le Surmoi est une instance interdictrice; pour Lacan, c'est aussi une instance qui prescrit la jouissance (cf. son Séminaire de l'année 1972-1973, *Encore*, éditions du Seuil, 1975).

arrivent parfois à souffrir d'une pathologie de l'audition. Nous sommes là dans un rapport à l'excès...

CH. MELMAN : C'est, à l'évidence, l'excès qui est devenu la norme.

J.-P. LEBRUN : Et un excès qui n'est pas vécu sur le mode ponctuel d'une transgression...

CH. MELMAN : Qui, non seulement n'est pas vécu sur le mode d'une transgression, mais qui l'est sur le mode d'une prescription : la prescription de l'excès comme tel.

J.-P. LEBRUN : Vous avez évoqué la nécessité du défi. Mais il y a aussi toujours une dimension de transgression dans le comportement pervers...

CH. MELMAN : En effet.

J.-P. LEBRUN : Pourquoi est-ce différent dans ce cas de figure? Est-ce aussi une caractéristique de la nouvelle économie psychique?

CH. MELMAN : On a affaire à une perversion morale. La perversion a toujours eu des rapports avec la morale, mais leur lien était jusqu'ici complexe, l'une se soutenant de l'autre, sous les apparences de la réprobation. Tandis que désormais, on est face à une perversion qu'on aurait presque envie de dire... hygiéniste.

J.-P. LEBRUN : Ce qui se manifeste par les interdits de fumer, les régimes alimentaires, tout ce rapport que nous avons aujourd'hui avec le médical préventif...

CH. MELMAN : Seul l'hygiénisme, en effet, vient constituer une limite, une pseudo-limite plutôt – peu efficace de fait –, à la perversion par ailleurs prescrite. Je n'ai jamais vu autant de jeunes filles, pour prendre un exemple des plus simples, aller au collège ou au lycée la cigarette à la main, dès huit heures du matin. C'est ahurissant de voir ces gamines, qui ne peuvent sans doute pas fumer à la maison ni à l'école, tirer sur leur mégot, comme un vieux travailleur qui se rend au boulot. Elles sont là en train de s'empoisonner, de s'asphyxier gentiment. Et ce n'est pas un plaisir collectif partagé : le plus souvent, elles sont seules, elles le font pour leur seul plaisir, elles recherchent une jouissance solitaire...

J.-P. LEBRUN : Là on pourrait presque parler de perversion de la morale...

CH. MELMAN : On pourrait dire cela. De toute façon, on n'a plus affaire à la morale traditionnelle, parce que la morale n'était pas organisée, jusque-là, par le souci d'avoir à préserver la vie : elle était organisée autour du souci d'avoir à préserver son honneur. Il s'agissait de rester digne. Ce qui est tout autre chose. L'indignité est devenue l'ordinaire.

Et toujours : que faire ?

J.-P. LEBRUN : Je reste face à une difficulté. En décrivant cette nouvelle économie psychique, vous avez à plusieurs reprises avancé qu'elle rendait impossible tout transfert *. Et que, du fait de cette mise hors jeu du transfert, l'analyste, comme n'importe quel autre thérapeute d'ailleurs, était impuissant quand on venait le voir. En revanche, je vous ai entendu dire, ici et là, qu'on est quand même en droit d'attendre et d'espérer de la part d'un analyste qu'il puisse toujours répondre de la manière la plus correcte possible quand il reçoit un patient. Alors, ne pensez-vous pas que face à quelqu'un dont le psychisme se trouve organisé par une telle économie, il y ait quelque chose à dire, à signifier ? Les psychanalystes, surtout en dehors de leurs pratiques de cure, ont probablement tous déjà rencontré des sujets pris dans cette dynamique. Je pense par exemple à ceux qui nous sont amenés parce qu'ils se sont adonnés à des attouchements sexuels sur leurs enfants, non pas dans le cadre d'un comportement de transgression délibérée, mais plutôt parce qu'ils sont dans l'anomie, véritablement dans l'absence de limite. Nous voyons bien que ces sujets ont des difficultés à se représenter ce qui reste quand même une transgression. Ils se rendent comptent que leur conduite ne tourne pas rond. Sans doute reste-t-il en général un petit espoir qu'ils s'en aperçoivent, qu'existe un lieu où cette prise de conscience est possible. Mais pourquoi consentiraient-ils à faire place à de la limite, à de l'interdit ? Au nom de quoi est-ce qu'ils se situeraient à nouveau dans une économie qui va leur imposer une perte de jouissance ? Lorsque ainsi ils arrivent chez l'analyste ou chez le thérapeute, souvent à la suite d'une décision de justice, il est évident que nous ne pouvons pas grand-chose...

CH. MELMAN : Que nous ne pouvons ni les éduquer ni les gouverner.

J.-P. LEBRUN : Néanmoins, même dans ces cas-là, n'avons-nous pas aussi à apporter ce que vous appelez une réponse la plus correcte possible ? Cette situation n'appelle-t-elle pas une parole, quelque chose qui ne soit pas seulement une conduite neutre, une conduite d'abstinence ?

CH. MELMAN : Je pense qu'on peut leur dire qu'une société où les parents – à commencer par eux – consomment leurs propres enfants est une société qui va vers sa fin.

Ce qui amène à leur poser cette question : entendent-ils aller, du même coup, vers leur fin et la fin de leurs enfants? Une société devenue endogamique, et qui consomme ses propres enfants, est une société en train de mourir. La seule chose que nous puissions faire, c'est de les mettre devant ce constat et de leur demander si...

J.-P. LEBRUN : Si c'est cela qu'ils veulent?

CH. MELMAN : Si c'est bien cela qu'ils veulent. Leur faire entendre que c'est ce que leur geste signifie.

J.-P. LEBRUN : Précisément, ce n'est pas la même chose que de ne rien leur dire.

CH. MELMAN : Bien sûr que non! Il faut le leur dire. Mais il n'est pas question pour autant de vouloir les ramener à un devoir concernant la paternité. On se contentera simplement d'éclairer la signification de leur geste.

J.-P. LEBRUN : Je partage tout à fait ce point de vue. Mais on définit par là même presque une nouvelle économie de l'analyste...

CH. MELMAN : Mais il est bien évident que l'analyste en a forcément une! Il n'a pas le choix!

J.-P. LEBRUN : Il en a forcément une, bien sûr. Mais on parle là d'une manière nouvelle, qui n'est pas traditionnelle, de se comporter avec les patients...

CH. MELMAN : Est-ce si éloigné de notre façon traditionnelle de travailler quand on entend confronter un sujet à la signification de ses conduites?

J.-P. LEBRUN : Sauf qu'en l'occurrence l'intervention doit être rapide, doit se faire très tôt au cours des entretiens, ce qui n'est pas habituel chez un psychanalyste...

CH. MELMAN : C'est rapide parce que, ce que nous avons à lui dire, le patient ne le sait pas, alors que l'analyste, dans un tel cas, peut le savoir d'emblée, ou presque. Son devoir de fraternité est donc d'attirer sur ce point l'attention de celui qu'il reçoit. C'est presque moins un devoir d'analyste qu'un devoir de fraternité.

J.-P. LEBRUN : Encore qu'on n'entende pas souvent parler ainsi de la fraternité ! Surtout face à de telles situations ! Il faut sans doute avoir fait une analyse pour repérer qu'il y a là un devoir de fraternité !

CH. MELMAN : Peut-être.

J.-P. LEBRUN : Conviendrez-vous donc que, dans le dispositif de cette nouvelle économie psychique, l'analyste peut rester un dernier havre pour le sujet ?

CH. MELMAN : Face au progrès remarquable de la science, l'existence de l'inconscient est sûrement un refuge pour l'humanité. C'est finalement le dernier lieu qui fournit un abri au sujet, le met en position d'opérer un retrait, donc de jeter un regard sur le déroulement de sa vie, de porter là-dessus un jugement et d'être capable de prendre des décisions. Tout cela ne va pas de soi, n'est pas un donné naturel. On peut très bien, comme des expériences historiques, par exemple sous le nazisme, l'ont montré, se retrouver contraint par des lois, dûment écrites d'ailleurs, qui nous ôtent le pouvoir de décider. Et on ne peut que s'y plier – on ne peut pas faire autrement ! – simplement parce qu'on tient à rester socialement valide.

Il est bien évident que le progrès de la science nous « barre » en tant que sujet – j'y reviendrai. La science est de plus en plus présente, exigeante, galopante. Elle est l'organisatrice, la compagne qui régule l'essentiel de notre monde. Elle nous met dans une situation où il nous est de plus en plus difficile de nous affirmer, d'être considéré comme sujet.

Quand la science tient lieu de texte

J.-P. LEBRUN : La science, dans notre culture, se retrouve-t-elle ainsi en place et lieu du texte ?

CH. MELMAN : Oui, auparavant, le texte était le fondateur de notre culture. Notre culture, et c'est bien ce qui la distingue de beaucoup d'autres – même si elles aussi ont évidemment leurs mythes, leurs contes, leurs récits –, a ce caractère absolument exceptionnel : elle n'a jamais fonctionné hors texte, si je puis dire. À tel point que l'un d'eux, on l'a vu, le Pentateuque, un récit apparemment picaresque, est devenu un texte sacré. Nous vivons à une époque marquée par la dévalorisation du textuel. Au profit du pouvoir, de l'efficacité et de la rigueur, implacable, sans pardon, du nombre. Il n'est plus question de parole révélée mais d'une écriture du nombre en tant qu'elle régit l'ordre auquel nous ne pouvons que nous soumettre.

J.-P. LEBRUN : En quoi l'écriture scientifique ne laisse-t-elle plus sa place au sujet ?

CH. MELMAN : L'écriture scientifique, logiquement et mathématiquement déterminée, exclut de son parcours, expédie au dehors, refuse tout ce qui a trait à n'importe quel type de coupure, de parasitage, d'erreur, d'inattendu... Elle rejette de fait tout ce qu'implique l'intervention forcément approximative d'un sujet. Elle se dispense de tout sujet qui parle, existe ou même vit. Elle est d'une certaine façon susceptible de s'organiser elle-même, comme le font les machines modernes, y compris, s'il le faut, au détriment de celui qui a mis le programme dans ladite machine. À la différence du langage dans lequel on « baigne » depuis sa naissance, l'écriture scientifique s'interdit toute césure – un espace qui viendrait échapper à sa prise – et cela vient forclore la place susceptible de constituer le lieu de recel d'une existence, donc la possibilité même d'un « effet de sujet ».

Ce qui caractérise une démarche scientifique, c'est précisément que du sujet, l'expérimentateur n'a rien à faire. Ce n'est pas comme dans le chamanisme ou la magie, c'est même ce qui différencie ces types de démarche. Bientôt, cette exclusion du sujet concernera la médecine. Déjà, que ce soit de plus en plus souvent des machines qui examinent les patients, voire qu'on ait à appuyer sur un bouton pour remplir une ordonnance, pose bien des problèmes à la médecine. Car, du même coup, le sujet qui est porteur de la maladie se trouve nié par ce traitement scientifique. Or il a besoin d'être pris en compte ; il veut que, quelque part, on l'entende. Et nous en arrivons, de ce fait, à cette situation paradoxale : d'une part, se développe une médecine de plus en plus rigoureuse, et sans doute efficace, merveilleuse de scientificité ; et d'autre part, à côté, se multiplient les pratiques magiques des thérapeutes de toutes sortes !

J.-P. LEBRUN : Vous dites que la science vient ainsi barrer le sujet... Pouvez-vous préciser ce que vous entendez par là ?

CH. MELMAN : Je veux dire que la science déplace le sujet du champ des énoncés – le « je » du discours courant – pour le situer du côté de l'énonciation, dans le lieu du « réel » où, dès lors, va se produire ce phénomène singulier, cette sorte de miracle de l'inconscient : je vous parle, et je crois vraiment que mon identité, ma fonction sociale, mes antécédents semblent bien assurés ; je crois savoir où je vais, ce que je veux, ce que j'entends dire, et tout à coup, il se produit – comme le remarque Lacan, c'est ça l'inconscient ! – quelque chose qui va faire irruption et qui parle. Ça parle, l'inconscient. De diverses façons, par exemple à travers des lapsus, des actes manqués, etc. Voilà le miracle, le grand mystère : l'inconscient est doué de parole, c'est presque la forme profane ou la forme laïque de la révélation. Ça parle, et si c'est doué de parole, c'est parce qu'il y a là justement un sujet, le sujet de l'inconscient, qui est animé par le désir de se faire reconnaître.

J.-P. LEBRUN : Mais alors, d'où ce sujet va-t-il désormais pouvoir se soutenir ? S'il ne peut plus s'appuyer sur le texte dit sacré, et si dans l'écriture de la science, il n'a pas sa place...

CH. MELMAN : Pour répondre, on ne peut que se référer à ce que Lacan a proposé à notre réflexion en nous disant que « le sujet de l'inconscient, c'est le sujet de la science ». Du même coup, il apparaît que les psychanalystes ont partie liée avec la science. Je ne suis pas certain que nous mesurions toujours le côté décisif de cette formulation. Pourquoi ? Parce que, pour Freud, le sujet de l'inconscient, c'est le sujet de la religion. Et la place qu'il a accordée au complexe d'Œdipe nous montre bien de quelle manière, pour lui, l'existence d'un sujet dans l'inconscient est entièrement déterminée par la relation au père. Dans la mesure où le père est alors lu comme celui qui est à l'origine de l'insatisfaction, le parcours du sujet va s'organiser comme une tentative de lui régler son compte, à ce père. Voilà pourquoi Lacan dira que Freud, en fin de compte, essaye de sauver le père, d'en faire le déterminant aussi bien de notre existence que de ce qui agence notre désir.

En revanche, pour Lacan, il faut prendre les choses autrement. C'est dans le jeu même du langage, de la lettre, dans son exercice même, qu'il y a un processus, un mécanisme qui fait que la chaîne des signifiants * vient exclure – refouler – tel ou tel élément à un moment donné. Car celui-ci s'avère incompatible avec l'organisation propre à cette chaîne. Dans ce qui introduit les *Écrits* [1], dans le texte sur « La lettre volée » d'Edgar Poe, Lacan se fonde ainsi sur la chaîne de Markov * pour montrer comment le fonctionnement d'une chaîne littérale, sa physique même, implique qu'à un moment de son parcours, tel ou tel élément se trouve forclos, rejeté, interdit de présence. Pour Lacan, il n'y a donc pas en quelque sorte besoin de faire appel à une volonté interdictrice pour mettre en place le refoulement originaire et le sujet de l'inconscient. Il n'est pas nécessaire d'évoquer une figure de commandeur qui viendrait là interdire à tel moment dans la chaîne la présence d'un certain nombre d'éléments. Le fonctionnement propre de la chaîne du langage inclut cette chute. Il suffit donc qu'on soit un être parlant.

J.-P. LEBRUN : Mais alors, si on adopte cette perspective, sans référence directe à l'Œdipe, comment expliquer que ce sujet soit systématiquement animé par le sexuel ? Pourquoi, d'une certaine façon, est-il aussi monoïdéique ?

CH. MELMAN : Il est légitime de penser que c'est la conjonction entre ce que Lacan nomme le Nom-du-Père et la chute de ces éléments de la chaîne qu'on vient d'évoquer qui sexualise l'inconscient. L'inconscient n'a pas *a priori* l'obligation d'être sexuel. Les éléments refoulés – autre-

1. Le Seuil, 1966.

ment dit l'inconscient – pourraient très bien n'avoir aucune signification, quelle qu'elle soit. Ils pourraient très bien ne rien supporter, ne rien signifier, s'il n'y avait cette conjonction avec le Nom-du-Père, soit ce qu'au nom de notre amour pour le père nous consentons comme sacrifice. Nous remettons au père, comme le dit Lacan, la cause de notre désir, nous nous en remettons à lui pour nous guider. Ainsi, c'est l'inconscient qui, dans le meilleur des cas, nous guide dans notre sexualité, ceci grâce à cette conjonction qui est venue s'opérer entre des éléments physiologiquement refoulés de la chaîne signifiante et le sens sexuel qui leur est donné par la référence faite au Nom-du-Père, qui renvoie également à une perte, à un impossible.

Un inconscient hors sexe?

J.-P. LEBRUN : Donc c'est le père qui serait responsable de cette sexualisation de l'inconscient, qui, en quelque sorte, sexualise l'impossible. Si tel est le cas, à quels changements risquons-nous d'être confrontés?

CH. MELMAN : Il est intéressant de constater que, si le progrès de la science permet aujourd'hui à un sujet de s'exprimer, celui-ci n'est nullement le sujet du désir, c'est le sujet de la demande ou le sujet du besoin. Justement parce que la science, avec les mérites considérables qui sont les siens, est de plus en plus en mesure de satisfaire – en apparence – ces besoins et ces demandes. La population croît mais la science s'avère de plus en plus capable, grâce à ses moyens techniques, de satisfaire tous les besoins essentiels d'une population qui va galopant, à commencer bien sûr par les besoins alimentaires. Donc, il y a une reconnaissance intéressée par la science d'un sujet du besoin et du sujet d'une demande qu'elle suppose pouvoir combler.

Mais aussi, et surtout, la science démontrera sa capacité à « traiter » – à faire taire ! – le sujet du désir, ce sujet inconscient qui nous occupe, en organisant au mieux la jouissance sexuelle de telle sorte qu'elle puisse être assurée à volonté. Nous avons et nous aurons de plus en plus de moyens de permettre cet accès apparemment satisfaisant à la jouissance sexuelle. À cet égard, on peut parler d'un progrès, d'une avancée, importante, congruente d'ailleurs avec l'évolution libérale des mœurs. Mais il nous faut également observer que, dans cette avancée de la science, il y a aussi la quête permanente de résoudre cet impossible qui anime tout discours, l'insatisfaction foncière liée à notre dépendance à l'endroit du langage. Autrement dit de réaliser ce progrès dans l'évolution des mœurs, contre lequel aucun de nous, quelle que soit sa force, ses intentions ou son autorité, ne peut s'opposer, et qui va irréductiblement dans le sens du droit de chacun à accomplir sa satisfaction supposée comme il l'entend.

J.-P. LEBRUN : C'est la science qui légitime tout cela ?

CH. MELMAN : En effet, c'est le discours de la science qui, en « traitant » ainsi le sujet, vient ici apporter à l'éthique une sorte de rectification, de transformation, de mutation, qui nous interroge à des titres divers les uns et les autres. À tel point, je l'ai déjà dit, qu'on peut se demander si, finalement, l'inconscient gardera forcément son statut sexuel, sa réalité sexuelle. Car l'inconscient, encore une fois, pourrait ne pas avoir de réalité sexuelle. Si l'on abandonne la référence faite au Nom-du-Père pour venir donner un sens sexuel à ce qui est refoulé, à ce qui est tombé de la chaîne littérale, nous pourrions très bien obtenir un inconscient qui n'ait plus cette signification sexuelle qui le caractérise aujourd'hui.

Nous aurons toujours affaire, d'une façon ou d'une autre, à la présence d'un sujet de l'inconscient, d'un sujet de l'énonciation. Mais on peut penser que, de plus en plus, ce sujet ne saura plus ce qu'il veut, puisqu'il aura perdu son orientation, sa sexualisation. Alors, ce qui viendra s'exprimer en ce lieu de l'inconscient pourra prendre des caractères parfaitement multiformes, énigmatiques, étranges, bizarres.

J.-P. LEBRUN : Autrement dit, nous retrouvons ici cette question centrale que vous avez déjà soulevée : celle de l'éventualité de la disparition du sujet de l'inconscient dans la nouvelle économie psychique...

CH. MELMAN : Vous n'ignorez pas la place qu'occupe, en particulier aujourd'hui, le fantastique dans le champ littéraire comme dans le champ cinématographique. Or, on a pu observer un renouvellement des figures qui viennent le supporter, et ce dans un univers assurément désexualisé. Ces figures sont devenues beaucoup plus étranges et menaçantes qu'auparavant, d'autant plus étranges et menaçantes qu'on ne sait pas ce qu'elles veulent, ni ce qu'elles viennent faire là. On ne sait pas, souvent, pourquoi elles ont débarqué là, ni ce qui les intéresse. Autrement dit, nous serions dans une époque où ce n'est plus la réponse organisée par un père qui viendrait proposer la jouissance sexuelle, le programme sexuel. On pourrait éventuellement voir, dans ces nouvelles configurations du fantastique, l'émergence sur la scène de la figure de l'Autre *, mais d'un « grand Autre » auquel on n'arrive plus à attribuer une quelconque attente, un quelconque désir. Ce qui fait d'autant plus peur.

J.-P. LEBRUN : Serait-ce hantés par de telles figures – comme on en voit de plus en plus, effectivement, dans les bandes dessinées ou les œuvres de science-fiction actuelles – que les patients de demain viendront nous voir?

CH. MELMAN : Les psychanalystes, et aussi les psychiatres, ont, je pense, beaucoup de chance, si je puis dire, car ils peuvent déjà observer cet état de déréliction, de profond malaise subjectif et d'insatisfaction foncière dans laquelle se trouvent des sujets qui viennent les voir. Car cela se sait, quand même, que le cabinet de l'analyste reste le rare endroit où de tels sujets peuvent espérer ceci : une prise en compte de leur existence qui ne vienne pas la confondre avec celle des machines, qui soit respectueuse à leur égard, qui ménage une place où effectivement cette existence pourra trouver une assise.

J.-P. LEBRUN : Vous soutenez donc que, face à ce progrès remarquable de la science, l'existence de l'inconscient reste encore un antidote à la déshumanisation.

CH. MELMAN : On peut le dire ainsi. Mais s'il est vrai que le support de l'inconscient tendrait à ne plus être sexuel, s'il est vrai que se révélerait de façon crue dans ses représentations la figure infiniment Autre, des questions à la fois pratiques et éthiques se trouvent posées aux psychanalystes, et pas seulement à eux. Nous avons à rassembler quelques données avec lesquelles nous soutenir pour essayer de ne pas être emportés par un flux social, par cette exigence sociale qui veut nous imposer un comportement d'une correction absolue, alors que l'inconscient, comme vous le savez, c'est l'incorrect par excellence.

V

J.-P. LEBRUN : Si l'on osait assimiler les lois * du langage aux lois de la gravitation, pourrait-on penser que, au fond, vous nous dites qu'avec cette « nouvelle économie psychique », certains sujets se retrouvent dans l'apesanteur...

CH. MELMAN : Juste une réserve. Je ne crois pas qu'on puisse dire que les lois du langage sont identiques aux lois de la gravitation. Car les lois du langage sont telles qu'elles se prêtent à des formalisations différentes, et donc à des effets différents, alors que la gravitation obéit à un ordre immuable que nous ne saurions déranger. Nous n'avons pas encore le pouvoir de corriger le mouvement des planètes, mais nous avons celui de modifier les lois du langage. Ces dernières ne sont pas des produits de la nature comme les lois de la gravitation, elles constituent un ordre que l'on peut qualifier entre autres de symbolique, qui se prête donc à des agencements, à des interprétations, à des régulations différentes. Avec les lois du langage, si on reprend votre comparaison, nous pouvons déplacer les planètes autour desquelles psychiquement nous tournons...

J.-P. LEBRUN : Au fond, ce serait là l'inconvénient de notre avantage, à moins que ce ne soit l'inverse. Si ce qui est humain n'est précisément pas naturel, si c'est même ce qui caractérise l'humain que de pouvoir quitter ce naturel, du coup, évidemment, nous sommes en mesure de modifier ce dont nous dépendons...

CH. MELMAN : Exactement. Et la nouvelle économie psychique en est d'ailleurs l'illustration : elle témoigne d'une tentative d'éviter les impasses auxquelles nous mène le type de lois auxquelles nous avons été jusqu'ici assujettis. C'est une tentative de « libération » – avec tout ce que ce terme implique, puisqu'il n'est pas de libération qui ne conduise à une désillusion – des contraintes qu'entraînait le type d'agencement du sujet jusque-là en place.

J.-P. LEBRUN : C'est en ce sens que je parle d'apesanteur. Nous avons affaire aujourd'hui à des sujets dont on a l'impression qu'ils se sont affranchis de ces lois...

CH. MELMAN : Certes. Et votre métaphore est particulièrement heureuse : nous nous trouvons apparemment face à des sujets désarrimés. Mais, attention, c'est une apparence trompeuse. Car nous n'avons une telle impression que dans la mesure où ce qui nous semblait essentiel, c'était l'arrimage à l'instance divine paternelle, instance à laquelle nous pensions devoir – ne serait-ce que par sa position imaginaire dans le ciel – notre verticalité. Nous avons aujourd'hui le sentiment d'avoir affaire à des sujets désarrimés, alors qu'en réalité ceux-ci tournent de façon absolument libre autour d'une nouvelle planète, laquelle régit notre existence de façon bien plus drastique que l'impératif surmoïque antérieur. Et cette nouvelle planète est représentée par l'objet – l'objet de la jouissance * –, qui oriente l'existence du sujet. Le dernier arrimage, ou le seul que nous ayons aujourd'hui, et autour duquel toute la planète se met à graviter, c'est l'objet!

Un inconscient en mutation?

J.-P. LEBRUN : Quel changement affectant l'inconscient pourrait amener ce nouveau positionnement de l'objet?

CH. MELMAN : Dans cette nouvelle économie psychique, l'objet, semble-t-il, n'est plus – comme nous y étions accoutumés – dans l'inconscient. Autrement dit, l'inconscient ne se présente plus comme le lieu recelant un trésor, le lieu détenteur d'une jouissance après laquelle nous nous employons à courir notre vie durant. Cet objet est désormais dans le champ de la réalité – ce qui va impliquer un certain nombre d'inconvénients – et ce déplacement pourra entraîner – il faudra le vérifier – un désinvestissement de l'inconscient. On peut attribuer une date précise à l'investissement de l'inconscient : la fin de la Première Guerre mondiale. On ne va pas revenir sur ce qui a pu susciter, après cette grande saignée collective, une aspiration à la jouissance individuelle qui a permis le succès de la psychanalyse. Mais il faut rappeler que l'investissement de l'inconscient, son exposition sur la scène sociale, son activisme, sont récents. Et on peut très bien imaginer une évolution provoquant une disparition de cet investissement pour les raisons que j'ai évoquées. L'inconscient ne serait plus alors le lieu de recel de l'objet de la jouissance, et serait donc du même coup comme vidé de ce qu'il est supposé dire. Ça ne « parlerait » plus!

J.-P. LEBRUN : Vous faites remonter, je pense à juste titre, l'intérêt pour l'inconscient à un moment particulier, au début du XXe siècle. Mais enfin les humains – on peut au moins le dire aujourd'hui, dans l'après-coup – ont toujours eu un inconscient, au moins depuis qu'ils parlent!

CH. MELMAN : Les gens ont toujours eu un inconscient. Mais le problème, comme je le dis, c'est celui de son investissement, de la place qu'il prend dans le discours. L'inconscient peut très bien devenir à nouveau un simple élément qui parasite le sujet, un élément accessoire, certes énigmatique, mais vidé de son attrait, ayant perdu sa capacité de faire discours. Comme auparavant chez nous. Et comme c'est resté le cas chez d'autres. N'est-ce pas ce que Lacan semblait dire dans ce qu'on a souvent pris pour une boutade, à propos des Japonais, qu'il jugeait inalysables ? Il parlait là de personnages « sans épaisseur », chez lesquels tout est tellement mis sur la scène que l'on peut se demander s'ils sont vraiment des sujets du désir inconscient, marqués par le refoulement.

J.-P. LEBRUN : Si l'on garde une perspective historique, votre lecture de la nouvelle économie psychique renvoie à la fois, me semble-t-il, à une version que je dirais large du patriarcat et à une version minimale. Dans sa version large, on évoque le patriarcat qui a organisé tout le champ social jusqu'à la Révolution, alors que dans sa version minimale, on se réfère au modèle social qui a permis au père, en soutenant son autorité, d'occuper une position dont le futur sujet devait tenir compte. Ne pensez-vous pas qu'il y aurait intérêt à dissocier ces deux versions ? Le patriarcat en tant que système corrélé à l'Ancien Régime, et donc à un système politique précis, est aujourd'hui complètement dépassé. Tandis que, sans être encore pour autant périmée, sa version étroite, celle sur laquelle vous mettez l'accent, est effectivement aujourd'hui mise à mal, avec toutes les conséquences que nous examinons ici. Car quand la société ne soutient plus l'autorité du père, on ne peut plus assurer le nouage qui permet de lier l'inconscient à la signification sexuelle...

CH. MELMAN : Si vous le permettez, je dirais cela un peu différemment. La jouissance qu'instaure le patriarcat, c'est la jouissance phallique, une jouissance essentiellement narcissique, une sorte d'assurance tous risques donnée à soi-même. Ce système peut être interprété comme une tentative de guérir l'angoisse du sujet, par la garantie que donne la référence paternelle à sa propre identification, et donc à l'amour de soi-même. Avec, de ce fait, toutes les dérives que l'on peut imaginer, et en particulier – ce n'est pas la moindre ! – le nationalisme, qui n'est rien d'autre que la manifestation collective de cet amour de soi-même. Ce patriarcat va de pair avec une organisation fantasmatique qui, pour sa part, est organisée autour de l'objet. De l'objet en tant qu'il est ce qui manque dans le langage. L'interprétation œdipienne, on l'a déjà vu, vient en effet en quelque sorte organiser la physiologie du désir en nouant la chaîne signifiante au Nom-du-Père, et ainsi sexualiser l'objet. La jouissance phallique, donc, nous empêche de jouir pleinement de l'objet, puisqu'elle interdit de réaliser le désir incestueux.

La nouvelle économie psychique, quant à elle, répétons-le, privilégie la jouissance de l'objet au détriment de la jouissance phallique. Aujourd'hui, nous nous autorisons à faire l'impasse sur cette dernière et nous nous accordons le droit d'assouvir toutes les jouissances qui nous semblent valoir – et valoir d'autant plus qu'elles étaient interdites ou marquées par une limite.

La question à laquelle tout cela, en fin de compte, nous renvoie, et qu'a posée Lacan, c'est de savoir s'il est possible qu'existe véritablement un rapport sexuel *, donc un rapport à une femme, qui ne soit pas entièrement ordonné par l'institution patriarcale ni par la nouvelle économie psychique qui, elle, implique l'asservissement du désir à la jouissance. Car, dans les deux cas, jouissance phallique et jouissance de l'objet, il y a un évitement radical de la jouissance sexuelle...

J.-P. LEBRUN : Pas de rapport sexuel, parce que la jouissance, dans le premier cas, est seulement narcissique et, dans le second, suppose, pour le sujet, la consomption de et par l'objet...

CH. MELMAN : Exactement. D'où, j'y reviens, cette question : est-ce que, malgré tout, on pourrait envisager une jouissance qui serait à proprement parler une jouissance sexuelle du corps de la femme? Puisque, finalement, la femme vaut – et c'est bien ce que racontent nos drames bourgeois conjugaux – soit comme représentante phallique, soit comme représentante de l'objet. Et c'est à ce dernier titre qu'elle intervient dans cette nouvelle économie, qu'elle le veuille ou non. Elle a le droit de protester contre cette place qui lui est assignée, parce qu'on ne lui demande pas son avis. Mais quand elle exprime cette protestation, malheureusement, ce n'est habituellement pas dans le sens d'une ouverture qu'elle l'envisage, c'est plutôt pour réclamer une égalitarisation qui ne fait alors que rejoindre le grand fantasme homosexuel de l'homme. Le féminisme tel qu'il s'exprime le plus souvent, en réclamant l'égalité dans tous les domaines, c'est cela : une participation au fantasme homosexuel du mâle.

J.-P. LEBRUN : Quand même, n'est-ce pas surtout cette dissociation de plus en plus nette entre l'acte de reproduction et la jouissance sexuelle, à laquelle nous autorise depuis peu la science, qui constitue véritablement l'axe autour duquel la mutation dont nous parlons a été rendue possible?

CH. MELMAN : Vous avez sans doute raison, parce que la solution contemporaine que permet la science tourne en effet autour de la façon de régler son compte au sexuel. Non pas en cherchant sa voie au travers de la question que nous posions à l'instant : « Pourrait-il y avoir rapport sexuel ? », mais plutôt en avançant : « Que les machines s'en chargent ! Que ce soient les processus machiniques, biologiques, eugéniques, télécommandés, etc., qui se chargent de l'activité sexuelle ! Qu'on nous foute la paix avec ça ! » Pour la première fois dans son parcours, l'homme n'a plus à remettre la charge de sa perpétuation au caprice d'une force à qui, divine ou non, il était nécessaire de sacrifier. Il en résulte un style qui renvoie à une figure bien connue, celle du libertin. La nouveauté tient à ce qu'il s'agit maintenant d'un libertinage de masse.

La seule chose sérieuse : le sexe

J.-P. LEBRUN : Vous dites que la science règle son compte au sexuel, autrement dit, qu'elle se débarrasse du père. Mais peut-on vraiment penser que l'on pourra ne plus se servir du père pour donner figure à la cause du désir ?

CH. MELMAN : En matière de causalité psychique, il n'y a qu'une chose qui soit sérieuse, une seule. Et tout propos qui ne lui accorde pas une place centrale est à prendre comme un propos de défense contre la vérité. Cette chose, nous le savons grâce à Freud et depuis Freud, c'est le sexe ! Pourquoi ? Nullement, bien sûr, parce que nous serions portés à une lubricité particulière, mais pour des raisons éminemment logiques : le sexe, jusqu'à ce jour, se supporte du manque et, du même coup, vient incarner et représenter notre vérité subjective. Il en est l'enceinte, le défenseur. À partir du moment où vous récusez la sexualité – et on comprend bien que ce soit l'intention des scientifiques –, où vous opérez la dissociation dont vous venez de parler, vous faites émerger effectivement des sujets délivrés de toute gravitation, complètement allégés. J'évoquais la gravitation autour de l'objet, mais le sujet de cette nouvelle économie psychique tourne autour de l'objet sans aucun style, sans qu'on puisse repérer les modalités de son parcours, sans aucune identité assurée, sans aucune personnalité. Il est caractérisé par une espèce de plasticité subjective qui le rend, en tant qu' « animal humain », disponible pour toutes les manipulations et susceptible de connaître toutes les paniques dès lors qu'il n'a plus rien qu'il puisse utiliser comme rempart. On arrive désormais à en faire ce que l'on veut ! Un mouton !

J.-P. LEBRUN : Vous revenez souvent sur cette notion de flexibilité, ce rêve d'avoir plusieurs vies, plusieurs modalités de fonctionnement. Lacan, à la fin d'un colloque sur la psychose de l'enfant [1], s'était demandé s'il ne fallait pas parler d' « enfant généralisé » pour qualifier ce à quoi ressemblent de plus en plus nos conduites. Ce que vous nous décrivez ne se réfère-t-il pas aussi à l'enfant à qui, dans l'imaginaire, toutes les vies sont permises ?

CH. MELMAN : L'enfant généralisé ! Souvent, je demande à des collègues : qu'entendez-vous par adulte, à quoi reconnaissez-vous un adulte ? Enfant généralisé en effet, dans la mesure où nous avons toujours lié notre conduite, notre démarche, notre régulation de sujet, à l'autorité d'un père. À cet égard, c'est vrai, nous restons dans une position d'enfant généralisé. Le sujet dont la conduite ne s'autorise que de lui-même, on le sait, est plutôt rare, et mal vu. Souvent, d'ailleurs, ça tournera mal pour lui parce qu'il ne saura pas défendre ses intérêts. Donc, nous vivons bien dans une enfance généralisée. Maintenant, est-ce que la nouvelle économie psychique, avec le rapport à l'objet qu'elle institue, pourrait faire de nous des adultes ? Elle fait

1. J. Lacan, « Allocution sur les psychoses de l'enfant », in *Autres Écrits*, Seuil, 2001, p. 369.

plutôt de nous des nourrissons, des créatures dépendantes, entièrement tributaires de la satisfaction, comme en état d'addiction face à celle-ci.

J.-P. LEBRUN : Nous avions l'habitude de considérer, en tant qu'analyste, qu'il fallait, pour que notre intervention soit utile, atteindre la névrose infantile du sujet. Or, aujourd'hui, on aurait tendance, de plus en plus, à dire qu'il faut aller « toucher », ou plutôt tenter d'atteindre, la perversion infantile du sujet, ce que Freud appelait la perversion polymorphe, c'est-à-dire ce qui persiste de cet enfant généralisé justement... Le dire ainsi vous semble-t-il pertinent ?

CH. MELMAN : Absolument !

J.-P. LEBRUN : Car, pour les patients auxquels je pense, c'est comme si rien ne s'était construit. Comme si on en était resté en deçà d'une structuration du sujet. Je me demande d'ailleurs si l'intérêt porté aux états-limites * [1] ne pourrait pas être revu en ce sens. Ne constate-t-on, en quelque sorte, chez ces sujets, de plus en plus nombreux, dit-on, une absence de structuration, voire même une absence de structure * ?

CH. MELMAN : Nous retrouverons toujours dans l'enfance un double dispositif possible : névrose infantile et perversion infantile. Et aujourd'hui nous verrons ce dernier versant prendre souvent l'ascendant, avec justement

1. Des Journées de l'Association lacanienne (freudienne) internationale s'étaient ainsi déjà tenues à Namur en 1996 autour de cette question des états-limites, envisagés et revisités cette fois à partir de l'enseignement de Jacques Lacan. Les actes de ces journées ont été publiés sous le titre « États-limites ou états sans limite » dans *Le Bulletin freudien*, n° 29, janvier 1997.

comme conséquence la multiplication des borderlines *, des états-limites.

Un transfert trop réel

J.-P. LEBRUN : La venue au premier plan de ces pathologies n'est pas sans lien, me semble-t-il, avec cette nouvelle économie psychique qui, à partir du moment où le sujet s'émancipe des lois du langage, organise une prétendue subjectivité. On pourrait même parler de pseudo-sujet...

CH. MELMAN : On peut le penser. J'ai reçu récemment une jeune fille de vingt-deux ans, intelligente, sympathique, complètement paumée dans l'existence, désinsérée socialement, vivant surtout la nuit, sans emploi... Que se passe-t-il pour elle ? C'est simple. Toute perspective d'avenir, en tant que future femme et mère, est complètement absente de son esprit, du fait même de ce désarrimage de l'instance paternelle dont je parlais tout à l'heure. En revanche, elle est extrêmement attachée à la figure d'un grand-père, mort bien sûr. Ce qui constitue certes un lieu d'arrimage propre à son parcours. Mais, avec un grand-père, disparu de surcroît, il s'agit d'une relation à une figure paternelle où la sexualité n'a plus aucune place. Seul l'amour de la figure paternelle est là nostalgiquement évoqué, sans rien qui puisse concerner le sexuel. Elle vivote avec des subsides de ses parents divorcés, qui, face à cette situation, n'éprouvent que chagrin et douleur. Dépourvue des repères habituels, des repères paternels, elle participe, d'une façon pas plus calamiteuse qu'une autre, à la grande foire, à la grande fête des jouissances.

Cette jeune fille, au moins à cet égard, apparaît comme une émanation parfaite de notre démocratie. Elle a sa part de jouissance, comme tout le monde, et, en même temps, elle est totalement perdue et le ressent douloureusement, avec angoisse. Elle me paraît prototypique de ce que nous évoquons. Avec, d'ailleurs, la présence d'une mère qui ne veut pas la lâcher, nous retrouvons le thème de l'enfant généralisé. La mère perçoit très bien qu'elle n'arrive pas à se détacher de sa fille. C'est seulement la présence réelle, maintenue, de cet enfant qui lui donne son identité maternelle. Autrement dit, elle a besoin d'un enfant momifié pour s'assurer, elle, la mère, de son identité. Et sa fille perçoit parfaitement, bien entendu, qu'elle doit accepter une telle existence pour éviter que sa mère ne panique trop.

J'ai également vu le père, un homme qui essaie de maintenir une espèce de rigueur stricte, une faible défense devant ce qu'il perçoit comme un débordement permanent, caractérisant la relation entre sa femme et sa fille, qui ne respectent aucune limite, aussi bien l'une que l'autre. Séparé de la mère, il essaye d'aider un peu sa fille, tentant désespérément de s'agripper à des points fixes, à des limites qui ne peuvent être que juridiques. Le tableau me paraît exemplaire.

J.-P. LEBRUN : Vous évoquez ici, chez cette mère, un élément déjà repéré dans la pathologie, à savoir une femme qui a besoin de sa fille pour soutenir son identité de mère. Ce n'est pas nouveau comme tel. Ce qui est nouveau, ne serait-ce pas surtout que ce tableau se généralise?

CH. MELMAN : Pas seulement. L'incidence du problème de la mère n'est plus seulement présente dans l'inconscient, elle est sur le devant de la scène.

J.-P. LEBRUN : Désormais les parents ont besoin de leurs enfants pour assurer leur identité de parents...

CH. MELMAN : La fille, quant à elle, n'a plus besoin d'effectuer un travail pour découvrir dans son inconscient que sa mère veut la garder, c'est sur la table ! Il n'y a plus là de refoulement. Et dans l'inconscient de cette fille, je pense d'ailleurs qu'il n'y a rien. Rien qui ait fonctionné comme objet d'un sacrifice susceptible d'organiser une jouissance * et un fantasme *. J'imagine qu'elle perçoit cette vacuité et qu'elle se sent vide, déshabitée.

J.-P. LEBRUN : Contrairement à ce que l'on dit habituellement, l'inconscient, là, ne représenterait donc plus la persistance de l'infantile en nous. À sa place, en son « lieu », il n'y aurait plus rien. Serait-ce cela, pour vous, la véritable particularité de la nouvelle économie psychique ?

CH. MELMAN : L'infantile n'y est plus présent que sous la forme d'un attachement au réel. Et d'une mise en dépendance réelle, et généralisée. Sauf, dans ce cas-ci, avec le grand-père. Et c'est pourquoi cette jeune fille m'est très attachée, car je suis en âge – malheureusement – d'occuper cette place grand-paternelle pour elle. Elle a avec moi une espèce de communication totale, d'une grande liberté – on pourrait presque parler de déshabillage –, sans aucune limite. Elle s'adresse à moi comme à un personnage qu'elle aurait toujours connu et dont elle attend tout. C'est-à-dire quoi ? Être aimée. Mais rien qui soit d'ordre sexuel, bien sûr. Le sexe n'a d'ailleurs pas dans sa vie une place très importante.

J.-P. LEBRUN : Car, sans doute, son irruption viendrait la surprendre, faire effraction... Tout cela, à nouveau, nous pose une question, à nous psychanalystes. Est-ce que le travail avec ces gens-là ne risque pas finalement de s'apparenter au travail que l'on fait avec les enfants, à des psychanalyses d'enfants ?

CH. MELMAN : Absolument !

J.-P. LEBRUN : Notamment parce que, d'une certaine manière, alors qu'auparavant il s'agissait, pour un psychanalyste, de permettre la levée du refoulement en favorisant l'association libre, en laissant la chaîne des signifiants se dérouler, on a plutôt l'impression là qu'il faut désormais procéder par soustraction. On se dit que c'est seulement ainsi que quelque chose d'intéressant peut se produire pour ces sujets...

CH. MELMAN : Mais là où Françoise Dolto, tant célébrée pour son abord des enfants, intervenait en « œdipifiant » outrageusement les situations, comment voulez-vous faire avec un adulte? Avec quelqu'un qui, vu son âge et ses responsabilités, ne peut plus opérer un tel recentrage?

J.-P. LEBRUN : Cette question, pourtant, me semble avoir déjà été posée dans l'histoire de la psychanalyse. Chaque fois que l'on s'est interrogé sur les procédés de psychanalyse active * – avec Ferenczi, bien sûr, mais aussi avec Melanie Klein et tant d'autres –, est-ce que l'on n'abordait pas la même difficulté et la même thématique?

CH. MELMAN : On pourrait aussi parler de ceux qui mettent la main, au sens propre, sur leurs patients, comme les haptonomes... Cette tentation des analystes d'y mettre la main! Dolto, elle, réussissait à y mettre la main... mais sans y mettre les mains. Prenez cependant le cas de cette jeune fille dont je viens de parler : comment voulez-vous, avec elle, être actif, faire preuve d'un activisme qui ne renvoie pas, bien sûr, aux conseils de bon sens de n'importe quel travailleur social? Vous avez d'autant moins de faculté de trouver un lieu d'adresse chez elle que, ce défaut, c'est précisément ce dont elle souffre. Elle n'a pas de lieu d'où « ça » lui parle, et avec lequel elle puisse mentalement, psychiquement, poursuivre un dialogue intérieur.

J.-P. LEBRUN : C'est vraiment la grande difficulté de ce type de rencontre ! Puisque le lieu du transfert * n'existe plus, ne se déploie plus spontanément, on pourrait avancer que la possibilité de tout travail est littéralement hypothéquée dès l'origine. Sauf à dire qu'il faut trouver le moyen de re-constituer le transfert ?

CH. MELMAN : Ce que fait cette jeune fille en venant chez moi, est-ce encore de l'ordre du transfert * ? Je n'en suis pas sûr. Je suis beaucoup trop identifié, pour elle, à la figure du grand-père. Et elle n'est pas la seule dans ce cas-là. Je me heurte à la même difficulté avec d'autres patients, qui s'adressent moins à une figure transférentielle qu'à un personnage, une figure vécue comme réelle. Et qui ne comprennent absolument pas que cette figure réelle n'intervienne pas dans la réalité, alors même qu'elle est, à leurs yeux, légitimement sollicitée à cet égard.

J.-P. LEBRUN : Il y aurait à distinguer ici entre répétition et reproduction d'une situation, ces patients ne faisant pas la différence, comme si tout était « en prise directe », sans transfert comme on l'a dit...

CH. MELMAN : Tout à fait. Cette femme intelligente vient raconter sa vie à son pépé, mais, de fait, elle n'en sait rien. Il est évident que ça constitue un obstacle complet au travail analytique, puisque c'est véritablement le pépé qui est là, en chair et en os. Tenter de lui faire entendre que le pépé – en l'occurrence l'analyste, évidemment – est fatigué, qu'il roupille ou que ça l'ennuie, la plonge aussitôt dans le désarroi, la panique, l'angoisse. Il est impossible de l'amener à se demander à qui parle le sujet en train de parler. Vous voyez de quelle manière le désarrimage se trouve rattrapé par ce qui est l'accrochage à un appui tout à fait réel, ce pépé bel et bien mort pourtant.

J.-P. LEBRUN : Est-ce que ce n'est pas précisément ce trait que désignent ceux qui font appel au concept d'addiction ?

CH. MELMAN : Certainement. Je recevais hier une jeune femme qui est venue me voir parce que, malgré des efforts répétés, elle et son mari n'arrivent pas à avoir d'enfant. Or, ils n'ont ni l'un ni l'autre de déficience biologique. Toute la question est de savoir pourquoi elle n'arrive pas à obtenir cet ovule fécondé tant attendu. Une jeune femme moderne, très intelligente, ayant fait des études, occupant une fonction administrative à Lyon, tout à fait responsable, avec un mari énarque. Que s'est-il passé ? Quel est le problème ? Eh bien, cette jeune femme, qui est comme souvent le fruit d'un couple dissocié, s'est organisée – s'est auto-organisée – un univers caractérisé par une répudiation complète de la dimension de l'Autre *. Tout y est rationnel. Cette rationalité l'aide à construire un monde sans véritable altérité, où l'Autre n'existe pas. Elle me sollicite, mais il n'y a manifestement aucun transfert. Elle vient me demander de l'aider à avoir cet enfant, mais je suis interpellé comme une espèce de puissance matérielle. Je serais celui – père Noël ou cigogne – qui détiendrait la clé, la solution.

Une modification de la demande

J.-P. LEBRUN : Ce que vous décrivez là me semble être de plus en plus fréquent. On retrouve un tel dispositif dans la majorité des consultations, pas seulement chez les analystes d'ailleurs, mais chez les psys en général. Très souvent, en effet, les patients viennent demander, dans le réel, une intervention, rechercher la clé de leurs problèmes. Ce n'est pas du tout ce que nous avions coutume d'appeler une demande...

CH. MELMAN : C'est effectivement la clé qu'il leur faut, la bonne clé que vous êtes supposé détenir. Vous devez la détacher de votre trousseau et la leur donner.

J.-P. LEBRUN : Il ne s'agit plus là de faire un travail d'analyse de la demande, car celle-ci n'est plus la même qu'autrefois. C'est une demande qui exige d'emblée la saturation par la satisfaction...

CH. MELMAN : La dernière patiente que j'ai évoquée, ainsi, était très désappointée parce que je suis resté complètement silencieux. Elle a exigé que je lui parle, elle s'est mise à pleurer parce que je ne lui parlais pas. Et elle a fini par convenir d'elle-même qu'elle s'était organisée en se blindant – une image qui n'est pas indifférente quand il s'agit d'avoir un enfant, parce que effectivement je ne vois pas comment on pourrait pénétrer un corps blindé – et qu'elle vivait comme une machine. Vous comprenez pourquoi je parlais de rationalité. Alors, à ce moment-là, je lui ai dit : « Est-ce que vous avez déjà vu une machine avoir des enfants, se reproduire ? » Et elle a eu cette réponse absolument délicieuse : « Il faudrait un *deus ex machina* ! » Ce qui, bien entendu, m'a incité à lui renvoyer : « Vous voulez dire un *deus sex machina* ? » C'est là, entre le *deus ex machina* et le *deus sex machina,* que se trouve peut-être la voie qui pourrait la conduire ailleurs. Car ce ne sont évidemment pas du tout les mêmes voies.

J.-P. LEBRUN : Vous avez parlé d'auto-organisation à propos du symptôme de cette jeune femme. Est-ce que vous voulez signifier qu'on est aujourd'hui dans le règne de l' « auto », justement ?

CH. MELMAN : Malheureusement pas ! Parce que ce qui a succédé à l'Autre *, le grand Autre comme lieu d'où nous étions susceptibles de recevoir des messages, c'est, je l'ai déjà dit, l'information. Aujourd'hui, tout ce qui se présente comme *auto* est en réalité intégralement fabriqué par ce qui provient de ce pouvoir, justement repéré comme tel, qu'est le monde de l'information. Le détachement à l'endroit de l'Autre, ainsi, ne fait que rendre le sujet plus vulnérable, au lieu de l'introduire à ce qui serait la possibilité d'une auto-réflexion, d'une auto-formation, d'une auto-responsabilité, d'un engagement propre dans l'existence.

Le sujet est mis dans une position de soumission involontaire à l'endroit de ce qui agit sur un mode parfaitement hypnotique, hypnotisant. C'est une véritable menace, dans la mesure où la manipulation de masse – des masses –, autrefois réservée aux pays dictatoriaux, est désormais aussi l'apanage des démocraties. Plus besoin d'un chef de la propagande clandestin, agissant « derrière le rideau », il a suffi que l'information soit devenue une marchandise, ce qui lui attribue certains traits spécifiques et implique une psychologie particulière du lecteur ou de l'auditeur. Se trouvent ainsi mis sur le marché, sous couvert d'information, des éléments qui, indirectement, font retour et influent sur l'identification du récepteur. La nature du message véhicule avec lui une identification que le récepteur soutient sans le savoir.

J.-P. LEBRUN : Je vous ai déjà entendu évoquer – et on en a parlé ici auparavant – une sorte de nouveau procédé d'identification qui n'aurait été repéré ni par Freud ni par Lacan. C'est bien de cela qu'il est question ?

CH. MELMAN : Effectivement. On ne vend pas seulement une information, mais, avec elle, le type de bonne conscience dont va se parer un interlocuteur – le récepteur – qui peut par ailleurs être une canaille quelconque. On lui vend de la bonne conscience sous prétexte d'information et on lui vend également le mode de pensée correcte qui le dispense de se référer à une idéologie clairement formulée. Celle-ci est présente, mais en acte. Actuellement, par exemple, en France, l'assassinat d'un enfant dans une banlieue tranquille – laissant toujours supposer un crime sexuel, pervers – occupe la une des médias d'une façon complètement disproportionnée avec l'importance de l'événement, si dramatique soit-il. Quelle que soit l'émotion qu'elle peut légitimement susciter, cette nouvelle n'a pas *a priori* vocation à venir dominer les préoccupations politiques, sociales, ou même sentimentales, émotionnelles, du lecteur ou de l'auditeur. La mise à la première place, à la une de l'actualité, de ce genre d'événement mériterait d'être analysée de près pour repérer ce qu'elle véhicule.

Qui peut décider de la responsabilité ou de l'irresponsabilité ?

J.-P. LEBRUN : Justement, à propos de l'appel à l'émotion qui aujourd'hui éclipse la référence à la raison ou au jugement, vous avez suivi de près le récent débat, en France, sur la responsabilité des malades mentaux. Une nouvelle procédure permet désormais aux jurys de cours d'assises de se prononcer sur l'irresponsabilité pénale d'un accusé et d'ainsi prendre la place qui, hier encore, était dévolue aux psychiatres. Et la qualification de malade mental dépend donc maintenant d'une sorte de tribunal populaire. Est-ce acceptable ?

CH. MELMAN : Cette évolution reflète peut-être l'idée que l'on se fait d'une justice populaire, débarrassée de cette contrainte que représente la consultation de spécialistes, d'experts qui se fondent sur leur savoir ; et qui, finalement, repose surtout sur l'impression que fait l'accusé. Par là même, on jette cependant un discrédit sur les savoirs. À une autre échelle, si je peux oser cette comparaison, c'est « Loft Story » : l'opinion publique détermine qui est bon et qui ne l'est pas. On assiste à un déplacement du lieu où la sagesse se situe et peut s'exprimer. À la place des professionnels, le jury. Est-ce acceptable? Le jury populaire, peut-on remarquer, a le souci de sa sécurité. Il tendra donc à privilégier ce facteur face à telle ou telle autre considération.

J.-P. LEBRUN : Un besoin de sécurité, donc, qui détourne l'enjeu de la question?

CH. MELMAN : Le sentiment d'insécurité est tel, et les transformations éthiques, familiales, politiques si profondes, qu'il importe que l'État donne aux citoyens le sentiment de veiller sur eux, d'être une garantie contre les dommages susceptibles de leur être infligés. L'État, ou plutôt ses juridictions, trouve ainsi le moyen d'assurer une indemnisation de la « victime » – avec des guillemets, j'insiste – alors même que celui qui sera condamné à payer ne peut être en rien considéré comme coupable. Récemment, un enfant, au cours d'un entraînement de rugby, a blessé involontairement un petit camarade. Le tribunal a conclu – c'était une évidence – que l'enfant n'était pas responsable du dommage causé, mais que ses parents devaient cependant dédommager la victime. Autrement dit les parents d'un innocent sont déclarés suffisamment coupables pour avoir à réparer financièrement un préjudice accidentel! Une telle évolution de la justice participe évidemment d'une philosophie plus générale qui tient à ceci : plus le rôle de l'État devient incertain dans la régulation économique et la maîtrise du social, puisque la libéralisation du marché le prive de ses privilèges ordinaires, plus il cherche à manifester sa vigilance en fonctionnant comme une espèce de compagnie d'assurances tout risque.

J.-P. LEBRUN : Et quand un délit est commis par un malade mental ?

CH. MELMAN : Lorsqu'un acte condamnable était commis par un malade mental, par un irresponsable, l'ancien code pénal, par son article 64, disait qu'il n'y avait ni crime ni délit. Ni crime ni délit, c'est-à-dire qu'on ne pouvait pas reconnaître la matérialité du dommage dès lors que le coupable était en état de démence. L'État, aujourd'hui, met en prison et condamne souvent à de lourdes peines des hommes qui sont à l'évidence des malades mentaux.

On fait mieux. L'État, on l'a vu, demande aux jurés de se prononcer sur la responsabilité du prévenu comme si le jury possédait le savoir nécessaire. Ce jury est souvent sensible, évidemment, au fait qu'il a devant lui un type sous médicaments, hébété, qui peut à peine répondre. Mais il va le condamner, puisque l'aiguille du fléau a suffisamment bougé pour que ce soient, désormais, les droits de la victime, les droits de celui qui a subi le dommage qui comptent le plus. L'auteur du délit, même s'il est une victime par excellence, puisqu'il est irresponsable, qu'il ne sait pas ce qu'il a fait, ira donc en prison. On considère qu'aujourd'hui environ 17 % de la population carcérale est constituée de malades mentaux. On ferme les asiles et on remplit, au-delà de leur capacité, les prisons. Je ne sais pas ce qu'un Michel Foucault penserait d'une telle évolution...

J.-P. LEBRUN : C'est un paradoxe, en effet. Comme si, de nos jours, il ne restait d'autre issue, pour donner de la place à celui qui n'est plus que présumé sujet, un pseudo-sujet, que cette position de victime ou celle de quelqu'un toujours responsable de ses actes. Autrement dit, la loi du tout ou rien...

CH. MELMAN : En tout cas, il n'y a dès lors plus de distinction entre l'imputabilité (à un sujet) et la responsabilité (d'un sujet). À partir du moment où un méfait est imputable, celui à qui il est imputé est responsable. Même s'il a été complètement absent, en tant que sujet, de son geste. L'article 64, j'y reviens, disposait que : « Il n'y a ni crime ni délit lorsqu'un acte est commis en état de démence. » Ce qui revenait à dire aux victimes : « Non ! il n'y a pas eu crime ou délit, tout simplement parce qu'il n'y avait pas d'auteur, et donc pas de responsable. Ce qui vous est arrivé relève de l'aléatoire, d'un aléatoire qui, pour tout un chacun, n'est pas évitable. C'est comme ça : il y a eu cette rencontre avec un fou, avec un malade mental. Même si, de fait, vous êtes une victime, en même temps, vous ne l'êtes pas. Ne venez pas organiser votre subjectivité, ni vos revendications autour de ce dommage subi, pourtant bien réel, car, en réalité, comme il n'a pas d'auteur, c'est inutile. Ça s'est trouvé comme ça, et c'est tout. »

La nouvelle loi, elle, opère un déplacement. Premièrement, il y a le dommage, et deuxièmement, non pas forcément un coupable, mais un responsable. Il y en a nécessairement un, on va le trouver. Et comme il y a eu un préjudice, on va s'arranger pour qu'il le répare. Cette mutation n'est pas simplement l'effet de pressions sociologiques, elle répond à une évolution mentale importante, et dont les conséquences peuvent être considérables.

De ce fait, en effet, nous n'avons plus affaire qu'à des victimes et chaque jour découvre le lot de celles qui jusqu'ici l'ignoraient : les fils victimes des pères, les femmes des maris, les enfants des deux, les citoyens des lois, les habitants du climat, les amants des amantes, les voyageurs des accidents, les mangeurs de la malbouffe, les vivants de la pollution, les riverains des cours d'eau des inondations, les nouveau-nés des malformations, les skieurs des avalanches, les routiers des trente-cinq heures... Voilà résorbés tant l'exploitation des prolétaires que la lutte des classes dans une communauté du traumatisme : victimes de tous les pays (et de toutes les classes) unissez-vous ! Et créez des chaires de victimologie !

C'est là une affaire qui concerne chacun de nous, en tant que nous avons affaire à la « santé mentale ». Il ne s'agit pas de défendre l'individu contre la société, contre ses mœurs, contre ses préjugés, contre ses incapacités. Il s'agit de nous rappeler, nous les professionnels, ce que cela signifie lorsqu'une société vient collectivement et impérativement réclamer réparation d'un dommage et que, oublieux de notre capacité à évaluer la responsabilité, nous sommes enclins à lui céder (on ne va pas faire de vagues, et puis la presse, en plus, etc.). Nous sommes assez avertis pour savoir que cette exigence collective de réparation ne mène pas à de bons résultats. Car, dans ce cas-là, ceux qui se retrouvent au tribunal, que plaident-ils ? Ils plaident tous l'irresponsabilité : ils n'ont fait qu'obéir aux ordres, qu'obéir à la norme, qu'exécuter ce qu'on leur avait demandé, ils étaient dans leur droit. C'est bien pourquoi il n'est d'ailleurs pas inutile, comme nous essayons de le faire, à l'occasion, d'inviter à une réflexion collective sur ces questions, qui ne soit pas ouverte aux seuls spécialistes. Il faut retrouver le sens de l'irresponsabilité !

J.-P. LEBRUN : Une façon d'éviter qu'on se dirige aussi vers la disparition générale de l'aléatoire...

CH. MELMAN : L'aléatoire, on l'invoque de moins en moins : même les inondations ont aujourd'hui forcément des responsables. Lacan faisait remarquer, dans sa conférence sur la cybernétique [1], qu'à attenter à l'aléatoire, on mettait en cause la possibilité de toute loi. Peut-être est-ce l'enjeu de notre époque scientiste, qui ne veut pour référence qu'un modèle théorique apte à rendre compte de toute question ; il s'agit d'assumer la facticité de représentations auxquelles d'autres sont toujours susceptibles d'être substituées au cas où elles seraient dérangeantes, et de pouvoir encore y substituer d'autres si les secondes sont dérangeantes à leur tour.

J.-P. LEBRUN : C'est un peu paradoxal de se débarrasser de l'aléatoire pour créer, en passant d'un modèle à l'autre, de l'indécidable !

CH. MELMAN : Pas du tout. Rien d'étonnant si, au moment même où se trouve mis en cause le patriarcat, on veut trouver dans le champ de la réalité un coupable. Il y avait autrefois un hypothétique Dieu, craint, aimé, respecté, parfois nié. Désormais la succession des événements se rattache non plus à une possible intention divine, mais à toute une série de responsables bien réels, et nécessairement fautifs.

J.-P. LEBRUN : La disparition du tiers, voulez-vous dire, amène à ce que finalement ce soit la réalité elle-même qui soit convoquée...

CH. MELMAN : La disparition du tiers a des effets immédiats. La circonstance dommageable est prise dans une économie duelle, et non plus tierce. C'est lui ou c'est pas lui, et si c'est lui, si ça lui est imputé, il est responsable. D'une manière plus générale, la récusation de tout parte-

1. J. Lacan, « Psychanalyse et cybernétique ou de la nature du langage », in *Le Séminaire*, livre II, *Le moi dans la théorie de Freud et la technique psychanalytique*, Seuil, 1978, p. 339-354.

naire tiers régulateur livre l'échange duel aux habiletés d'une compétition et d'une agressivité qui n'a plus de limite que juridique.

J.-P. LEBRUN : Mais le travail de Lacan a quand même permis de poser autrement le problème du tiers, l'enjeu du père, en démontrant le rôle central du langage, avec sa lecture d'Œdipe comme mythe. Comment se fait-il que, au fond, la langue à elle seule ne suffise pas à faire exister du tiers ?

CH. MELMAN : Tout dépend de l'usage que nous faisons de la langue. Le positivisme forcené dans lequel nous baignons aujourd'hui implique – on pourrait dire : ordonne – déjà un rapport duel aux autres et à l'objet. Il n'est qu'à considérer la vie d'un couple « moderne » pour voir de quelle façon elle se résume si rapidement à un rapport duel. Et à partir du moment où le rapport est duel, on se retrouve bien entendu sur le pré, avec l'un des deux qui veut zigouiller l'autre. Le problème de la langue, c'est donc aussi celui de l'usage que l'on en fait. Qui, aujourd'hui, en achetant son journal, peut se dire qu'il n'a affaire qu'à de la poésie ? Qui, en lisant un rapport scientifique, pense que ce n'est que de la poésie ? De la poésie, c'est-à-dire un ensemble de métaphores et de métonymies. Chacun est au contraire intimement convaincu qu'il dispose, à travers son journal ou sa revue scientifique, d'un rapport direct et immédiat au monde. Le langage ne veille pas nécessairement sur nous. Comme le sexe, il constitue un abri, il est notre abri, à la condition expresse que nous consentions à apercevoir son entrée, ses virtualités, et à les utiliser. Autrement, nous faisons du langage un système obtus, ce système qui est justement celui de l'information, de la communication...

J.-P. LEBRUN : Et du numérique !

CH. MELMAN : Le numérique, c'est le bouquet, puisqu'on n'a même plus affaire à des signifiants * mais à des nombres.

Les avatars de la transmission

J.-P. LEBRUN : Quelles peuvent être les conséquences de cette émergence de la nouvelle économie psychique sur la transmission ? Risquons-nous de « produire » des générations qui ne se sentent plus le devoir de transmettre ?

CH. MELMAN : Nous ne transmettons plus rien qui ne soit répulsif pour les générations suivantes. Et nous ne transmettons plus rien parce que... qu'est-ce que l'on transmettait ? Ce que l'on transmettait, l'essentiel en fait pour tout sujet, c'était un état d'esprit, une façon de comprendre le monde, de se tenir, tout un ensemble d'éléments qui, sans être véritablement énoncés nulle part, régissaient néanmoins les attitudes et les formulations. Aujourd'hui, la transmission – comme pour le langage – n'est plus que « positive » : on transmet des biens ou des dettes réelles. Ce que l'on observe chez les jeunes, c'est ce qui était autrefois réservé aux enfants de la bourgeoisie : la révolte contre ce que la génération précédente veut transmettre. Les enfants ne reçoivent plus de leurs parents ce viatique minimal qui pourrait les aider à vivre.

Ce que les parents veulent désormais transmettre aux enfants, c'est une position sociale. C'est horrible ! Des enfants bien constitués ne peuvent que vouloir se marginaliser. Or, ils voient leurs parents entièrement captifs, entièrement accaparés par ce souci de l'acquisition et du maintien d'une position sociale. L'enjeu véritable d'une transmission, en outre, ce n'est pas le savoir lui-même, mais le rapport au savoir : l'important, c'est ce qui le fonde, sa relativité, ses usages. Mais aujourd'hui, la question des fondements – comme la question du père – n'est plus à l'ordre du jour. Le savoir ne vaut que dans la mesure où il est technologique, où il est technique, c'est-à-dire où il donne un accès au marché. Autrement il ne vaut rien.

J.-P. LEBRUN : On en revient à cette question : quand on a repéré que le récit fondateur – ce qui dit le fondement, le père, l'origine – n'est en fait qu'une fiction, qu'un mythe, comment, du même mouvement, peut-on ne pas se laisser aller à penser que tout cela est devenu sans aucune importance ?

CH. MELMAN : Le mythe habille le fondement – si j'ose dire – mais le fondement en lui-même n'est pas une fiction, le fondement c'est le Réel *. Et c'est même ce Réel qui manque aujourd'hui, qui fait défaut à nos jeunes. Où est le réel ? La réalité *, ils ne la connaissent que trop, mais où est le Réel, y en a-t-il encore un ? Alors, on l'a vu, ils le cherchent dans la dimension de l'Imaginaire, notamment à travers le fantastique, ou dans la recherche des limites corporelles, avec les risques que ça comporte. Mais ils cherchent le Réel, c'est-à-dire tout ce qui résiste...

J.-P. LEBRUN : Oui, mais le fondement était auparavant repéré via le Symbolique. Ce qui échappe était appréhendé par les mots ! Je suis d'accord pour dire que le fondement est le Réel, mais la lecture que l'on en avait était toujours faite via le Symbolique...

CH. MELMAN : Absolument !

J.-P. LEBRUN : Or c'est cette voie d'accès à la question de l'origine qui est aujourd'hui en impasse, puisque la dimension symbolique a perdu de son efficacité... Et quand on ne peut plus s'interroger sur l'origine, c'est traumatique...

CH. MELMAN : Ce qui explique que cela fasse retour sous une forme terrifiante, par exemple sous la forme du terrorisme.

J.-P. LEBRUN : Justement, évoquons ici le terrorisme. Il vous est arrivé de dire que l'émergence de la figure du terroriste est l'événement par excellence qui nous interroge sur cette nouvelle économie psychique. Pourriez-vous expliciter ce que vous voulez dire ?

CH. MELMAN : Le terroriste, c'est la représentation la plus crue du Réel, d'un Réel qui n'est plus dialectisé par le Symbolique. C'est le traumatisme à l'état pur. Si les médias éprouvent une fascination à l'endroit de cette figure du terroriste, c'est évidemment parce c'est la figure du Maître absolu. Le Maître absolu, c'est celui qui décide de la vie et de la mort. Et c'est par la terreur, bien sûr, qu'il s'impose, sans discussion, sans rémission. Et sans aucune considération pour ceux à qui il a affaire, que ce soient ses amis ou ses ennemis, puisque c'est de toute façon la mort qui est le prix de sa reconnaissance.

J.-P. LEBRUN : Donc puisqu'on est dans le Réel, il n'y a plus de semblant *. On n'est plus dans le semblant, on n'est plus marqué par ce trait de la condition humaine qui fait qu'on est toujours en décalage, sans accès immédiat au Réel. On est donc condamné au semblant, et le semblant, c'est ce qui protège... du sang rouge, si l'on me permet de profiter de l'homophonie du terme comme le faisait Lacan...

CH. MELMAN : C'est exactement ça, et la formule est excellente. Voilà pourquoi, le terrorisme, ou bien on ne le comprend pas du tout, ou bien on se lance dans un tas de digressions pour, à la limite, presque tenter de le justifier. Or celui-ci n'a ni tort ni raison.

Toujours le droit !

J.-P. LEBRUN : Quand je parlais du Symbolique qui permettait hier d'approcher le Réel – comme le mythe qui disait l'origine –, c'était surtout pour souligner que c'est la science qui est venue démasquer le caractère de fiction, de semblant, de ces « discours » comme les mythes, par exemple.

CH. MELMAN : Je ne dirais pas tout à fait fiction, car c'est ce qui assure notre réalité.

J.-P. LEBRUN : Mais le droit, par exemple, a organisé la parenté et la filiation. Et contrairement à ce que l'on pourrait croire spontanément, il s'agit là d'une fiction, d'une construction qui permet d'organiser les liens entre les générations, parfois même indépendamment de la réalité biologique.

CH. MELMAN : Il n'a pas organisé la parenté et la filiation, il a tiré les conséquences de ce qui existait. La filiation s'est imposée bien avant le droit, et sans aucune référence à celui-ci. La famille n'avait besoin d'aucun code pour s'estimer parfaitement fondée et légitime. Le droit, à partir du moment où on l'a élaboré, a voulu substituer – a cherché à substituer –, à ce qui était un fonctionnement purement symbolique, un fonctionnement cette fois-ci réel. Le comble, c'est que, là encore, nous voyons de quelle manière le droit vient susciter, pour ne pas dire imposer, des caprices absolument invraisemblables. Le légiste en viendra à rédiger un code de la famille avec ce que seront les droits et les devoirs de chacun des participants au foyer. Avec, à la clé, la possibilité de plainte de l'un ou l'autre membre du couple contre le conjoint, ou de l'enfant contre ses parents, pour manquement à l'accomplissement des devoirs au sein de la famille. Cela se passe déjà, d'ailleurs.

J.-P. LEBRUN : Le risque c'est que le droit se mêle trop des affaires de famille ?

CH. MELMAN : Il ne s'en mêle pas trop en soi. Le droit est utilisé pour veiller à l'accomplissement de notre nouvelle économie psychique. Aujourd'hui, il s'agit donc, pour le droit, de garantir certaines satisfactions, fût-ce au détriment des règles qui sont celles de notre fonctionnement mental et corporel, ce qui aura pour conséquence que les préceptes juridiques seront inévitablement déphasés, défectueux face à la réalité. Le droit aura beau légiférer pour imposer l'égalité au foyer, il se heurtera à des difficultés insurmontables. Imaginez un couple homosexuel de femmes ayant adopté un enfant. On aura à affronter l'inéluctable inégalité dans ce couple, ne serait-ce que parce que l'enfant refusera d'appeler du même nom l'une et l'autre, qu'il appellera l'une des femmes maman et l'autre peut-être papa. Cet enfant, en tout cas, ne pourra pas appeler les deux femmes maman. Il ne pourra pas en avoir deux, de maman ! Est-ce que l'enfant sera traduit devant un tribunal, accusé d'introduire du favoritisme et de l'inégalité au sein de cette famille ? On voit bien là le forçage auquel aujourd'hui le droit se livre à l'endroit de règles qui jusqu'alors restaient incontournables.

J.-P. LEBRUN : Vous nous dites en fait que la spécificité de l'homme, c'est une manière de traiter l'inégalité, l'asymétrie...

CH. MELMAN : C'est de ne pas pouvoir penser en dehors de l'asymétrie, ni de pouvoir se penser en dehors.

J.-P. LEBRUN : Or, dans le contexte de la nouvelle économie psychique, on introduirait l'espoir de pouvoir le faire...

CH. MELMAN : De toute manière, le plaignant est supposé, dans notre droit laïque et républicain, détaché de toute identité sexuelle. Et le droit, ainsi, veut résoudre des problèmes concernant la sexualité en se fondant sur la neutralité des plaignants, c'est-à-dire en récusant justement, par principe, la différence sexuelle. Il est l'un des grands artisans de cette évolution vers l'homogénéisation à laquelle nous assistons. Mais celle-ci ne pourra absolument pas se poursuivre sans problème majeur puisqu'on ne fait que renvoyer l'altérité dans une position d'hostilité, d'étrangeté, hors frontière. On crée donc des situations de guerre.

J.-P. LEBRUN : Mais est-ce le droit qui en est responsable ? Le droit ne serait-il pas plutôt déjà contaminé par la nouvelle économie psychique ?

CH. MELMAN : Les juristes déclarent fièrement que le droit doit suivre l'évolution des mœurs. Mais il est évident que ce que les juristes ne savent pas, ne peuvent pas savoir, c'est que l'évolution des mœurs, aujourd'hui, peut s'expliquer comme une tentative de résoudre des impasses légales – façon de dire que l'on refuse que le droit puisse s'opposer au goût du confort qui anime nos sociétés. Cela, le juriste ne peut pas le savoir, ce n'est pas de son ressort.

J.-P. LEBRUN : Sauf que, quand même, pas mal de magistrats se disent tout à fait mal à l'aise. Comment pourrait-il en être autrement alors que, saisis pour tel ou tel conflit familial, ils sont sans arrêt sommés de trancher dans des conflits sans nécessairement posséder la compétence requise dans le domaine ?

CH. MELMAN : Ils sont mal à l'aise parce qu'ils se souviennent de ce que fut leur enfance, de ce que fut leur famille, donc de certains enjeux, de certains modes de transmission. Mais les générations suivantes n'en auront pas le souvenir, sinon, au mieux, un souvenir disons littéraire.

La mort évacuée

J.-P. LEBRUN : Cette nouvelle économie psychique, dans sa façon de se propager et de se reproduire, me donne l'impression de se comporter, si l'on peut dire, à la manière des poupées russes. Elle ne peut engendrer qu'une « nouvelle » nouvelle économie, à chaque fois plus radicale, génération après génération, puisque, justement, elle élimine la question de l'asymétrie et de la différence. En fabriquant de plus en plus du même, elle ne peut que transmettre une utopie de plus en plus mortifère en quelque sorte !

CH. MELMAN : D'autant que nous ne savons plus transmettre ce qu'est la mort. C'est pourtant dans toutes les sociétés une question essentielle. Et nous ne savons plus la transmettre, parce que nous ne savons plus ce que c'est. Non seulement nous ne savons plus ce que c'est, mais, de plus en plus, nous la considérons comme étant de l'ordre de l'accident.

J.-P. LEBRUN : Elle ne fait plus partie intégrante de la vie, comme le faisaient apparaître, au tout début de cet entretien, vos commentaires sur une exposition à succès...

CH. MELMAN : Elle ne fait plus partie intégrante de la vie, comme vous le dites, mais elle en est même forclose. Ainsi, par exemple, ce qui était patent pendant la guerre menée par les Américains en Afghanistan, c'est que c'était une guerre de techniciens en train de surveiller, et d'adapter aux nécessités de l'entreprise, une machinerie homicide. On envoie sur le terrain des engins téléguidés, des missiles télécommandés, des avions de surveillance sans pilote, mais qui bombardent aussi. On voit très bien comment la guerre de demain sera faite presque entièrement par des machines. Des machines si performantes que les militaires ont cependant peur parfois de les diriger...

J.-P. LEBRUN : On parle d'ailleurs de guerre « zéro mort »...

CH. MELMAN : Il semblerait en effet que, sauf exception, les seuls morts américains dans le conflit en Afghanistan aient été tués par leurs propres bombes, des erreurs justement... de la machine. C'est évidemment une évolution sans précédent, dont on ne mesure pas encore tous les effets. En Occident, on ne veut plus mourir pour son pays. Qu'est-ce que cela signifie au niveau de l'organisation psychique, de l'idéal collectif, donc de la relation à son groupe, à ses ancêtres, à ses enfants ? On fait appel à des mercenaires, mais ces mercenaires eux-mêmes, on les protège : quel mauvais effet cela ferait si on apprenait que les seuls qui sont morts au combat étaient des mercenaires !

J.-P. LEBRUN : La part que le sujet accepte de sacrifier au collectif se trouve ainsi de plus en plus limitée...

CH. MELMAN : La forme de plus en plus fréquente que prend la dimension du collectif, dans cette situation, on la retrouve avec l'association ou surtout l'équipe sportive. Et on sait que cela implique d'entrer en compétition, même sous une forme ludique, avec un adversaire. Comment, dès lors, s'étonner du comportement plus ou moins violent des supporters des équipes qui s'affrontent...

Le déni au lieu du refoulement

J.-P. LEBRUN : Je voudrais revenir sur un autre point, plus théorique, concernant ce processus psychique, repéré par Freud, du déni ou du désaveu, de la *Verleugnung* *. Il est intéressant de repérer comment, pour Freud, cette opération psychique qui dénie la différence des sexes – ce qui implique qu'à la fois on reconnaisse celle-ci et que dans le même mouvement on refuse de la prendre en compte – est normale chez l'enfant, pour autant qu'elle ne persiste pas. De ce qui lui apparaît comme une incongruité, l'enfant, c'est logique, ne veut d'abord rien savoir. Progressivement, au fil de la confrontation avec la réalité, il va, dans le meilleur des cas, céder sur cette conviction qui désavoue ce qu'il peut observer. Je me demande si ce processus psychique de la *Verleugnung* ne tend pas à se maintenir de plus en plus longtemps aujourd'hui et, de ce fait, à se substituer au refoulement. Et donc à se généraliser, dans la mesure où la société – par exemple via la promotion de l'égalitarisme – ne vient plus s'inscrire en faux contre ce déni de l'enfant qui refuse d'accepter la différence sexuelle...

CH. MELMAN : Vous avez parfaitement raison. Le déni est évidemment l'un des grands moyens de faire rentrer dans le champ de la réalité ce qui aurait à en être retranché. Le déni est l'un des moyens de refuser la différence des sexes, la castration *. Dans la situation actuelle, ainsi, il est clair que le déni nous permet de ne plus rien nous refuser, puisqu'on peut admettre les choses les plus contradictoires. On peut vivre toute une série de passions grâce à ce recours au déni. Reste le problème que pose la fragilité de cette opération, à un moment où, du fait de la récusation grandissante de la dimension du réel, la négation perd son fondement, sa légitimité. Une négation n'est plus alors qu'une figure de style devenue impuissante.

J.-P. LEBRUN : N'a-t-on pas trouvé là une manière de rendre compte d'un symptôme clinique aujourd'hui très fréquent et banal, et pourtant inédit dans l'histoire, qui consiste en ce que les parents ne disent plus non à leurs enfants. Ils ne s'y sentent plus autorisés...

CH. MELMAN : En effet. Ils ne peuvent plus dire non, tout simplement parce que, d'une manière générale, on ne peut plus dire non. Il n'y a plus rien dans le monde qui dise non. Qu'est-ce qui nous dit non encore ? On a tout maîtrisé, on a tout dominé, on a tout fait, on a tout vu, on a tout exploré, des planètes les plus éloignées aux parties les plus cachées du corps. On a même fait toute la lumière sur les processus de la reproduction. Qu'est-ce qui peut encore nous dire non aujourd'hui ? Le terroriste, peut-être...

Le déni, la *Verleugnung* *, porte ordinairement sur quoi ? Sur cette partie du sujet divisé * qui est inavouable. Inavouable à juste titre puisque cette partie du sujet non spécularisable n'a pas à être reconnue comme telle dans le champ de la réalité. Il semble donc légitime de dire : « Non, ce n'est pas moi ! » Effectivement ce n'est pas « lui », puisque c'est un « je » qui n'a aucun titre pour être « présentifié » dans la réalité.

Désormais, ce que le moi a simplement à préserver, c'est sa présence, son unité, sa valeur, d'un point de vue non plus éthique, mais simplement esthétique. Or, à partir du moment où on est face au regard non plus d'un tiers, mais d'un autre, dans une dimension seulement duelle, on peut être dans la fascination. Et l'esthétisme peut parfaitement aider à mettre en valeur un tyran, un bourreau ou un salaud. Car une telle image risque d'être aussi séduisante, voire plus, que celle de l'honnête homme qu'on pouvait auparavant faire valoir sous le regard d'un Dieu. S'il s'agit de défendre l'esthétisme dans le regard d'un autre, le déploiement de toutes les figures est possible, depuis celle de la brave fille dévouée qui tout à coup se retrouve vedette de cinéma jusqu'à celle du franc salaud.

Ceux qui ont admirablement cultivé l'esthétisme, ce sont les nazis. Les défilés de Nuremberg étaient esthétiquement parfaits. L'esthétisme, ça autorise les crimes les plus crapuleux ! Non seulement il peut autoriser les crimes, mais, une fois commis, ceux-ci ne pourront plus être reprochés à leurs auteurs, puisqu'ils auront été perpétrés en toute légitimité.

L'engouement pour les sectes

J.-P. LEBRUN : Ce qui rejoint ce que vous avez déjà désigné sous le terme de fascisme volontaire. Ne retrouve-t-on pas aussi ce processus à l'œuvre dans l'engouement pour les sectes ?

CH. MELMAN : Les sectes offrent à la demande populaire ce que nos démocraties et nos organisations politiques ne peuvent plus proposer mais dont elles conservent la nostalgie : un maître ! Voilà ce qu'elles offrent : un maître, un patron, c'est-à-dire un guide – un *Führer* en allemand. Quelqu'un qui vous permet de ne plus vous confronter au doute, au choix, à la responsabilité, qui vous soulage de l'existence. Vous n'avez plus qu'à suivre, qu'à obéir. Fini le libre arbitre, vous devez vous en remettre entièrement et pleinement aux commandements prescripteurs. Si vous

vous amusez à parcourir les différents programmes proposés par les sectes, vous découvrirez un fourre-tout assez incroyable. Plus c'est invraisemblable, plus c'est cocasse, mieux c'est, semble-t-il. Leur seul trait commun, c'est le caractère impérieux, impératif, obligatoire, sans manquement possible, de ce qui est, à l'intérieur de ces groupes, prescrit. Et c'est ce sentiment d'être confronté à un système de type totalitaire qui frappe quand on recueille le témoignage d'un « évadé » d'une secte.

J.-P. LEBRUN : Nous sommes bien là face à un exemple de relation duelle. Et d'une image séduisante à souhait. Mais qu'est-ce qui différencie à cet égard la secte de la religion ?

CH. MELMAN : La secte est une organisation, on ne le remarque pas assez, qui n'est pas fondée sur la croyance On serait presque enclin à ajouter qu'elle n'est pas fondée non plus sur la foi. Elle fait appel à une tout autre dimension psychique, celle de la conviction, qui est tout autre chose que la croyance. La croyance suppose un engagement dans un acte de foi, alors que là, il s'agit de certitude. Il n'est pas question ici de pari pascalien : chacun est à l'avance assuré que son gain, compte tenu de sa mise, sera maximum, parfait. On vous promet le gros lot à tous les coups !

Une telle organisation n'est donc en rien identifiable, déjà pour cette raison, à une religion. Mais, de plus, les religions issues du monothéisme sont organisées autour d'une figure paternelle qui, d'emblée, accorde la rémission des péchés, d'emblée sait que vous serez en infraction avec la Loi, d'emblée reconnaît en vous cette division *, ce côté imparfait propre à tout croyant, à tout fidèle, même à celui qui se voudrait le plus pur. C'est donc évidemment une religion d'amour qui fait accueil à cette imperfection. Dans la secte, ce n'est généralement pas le cas. Les sectes réalisent la religion « plus », pourrait-on dire, il y a un bonus qui fait toute la différence.

Un autre trait distingue les organisations sectaires des organisations religieuses : le fondateur d'une secte est en général éminemment incarné, éminemment présent dans le champ de la réalité. La vie du groupe fonctionne à partir de ce qui est son savoir et son autorité. Pour reprendre une distinction très fine faite par Lacan à propos des mécanismes de la psychose, ce fondateur on *le* croit. Ce n'est pas qu'on *y* croie, on *le* croit en tant que tel.

Où va l'enseignement?

J.-P. LEBRUN : Je trouve un écho à ce que vous dites dans ce fait que la seule autorité qu'on admette encore, c'est une autorité charismatique. Autrement dit une autorité qui peut prescrire le meilleur ou le pire, celle de Hitler ou du gourou comme celle d'un homme tout à fait intéressant mais dont rien ne vient garantir la pertinence du propos. C'est le seul modèle d'autorité – si l'on met à part celle que peut procurer la rationalité, la science – que l'on reconnaisse aujourd'hui. On voit bien comment les enseignants, par exemple, doivent faire appel souvent à leur charisme pour pallier l'absence de l'autorité symbolique dont ils disposaient autrefois. Ils doivent séduire pour enseigner. Comment voyez-vous l'enseignement dans une telle perspective?

CH. MELMAN : La question de l'enseignement rejoint ce que nous disions à propos de la transmission. Celle-ci était conçue dans une optique humaniste, il s'agissait de transmettre un style, un esprit et des connaissances. L'acquisition d'une position sociale venait de surcroît, elle était laissée finalement à l'initiative individuelle. De telle sorte que, chez de très nombreux élèves, en tout cas en France, se développait une vocation, celle de servir, et en particulier de servir l'État, au sens noble et digne du terme. Ce n'est plus le cas ou si peu.

J.-P. LEBRUN : Vous avez employé le terme de position sociale *de surcroît*. C'est un terme banni aujourd'hui. Le fameux propos de Lacan sur la cure analytique, « la guérison vient de surcroît », évoquant une sorte de gratuité, apparaît aujourd'hui incongru. On veut atteindre une performance. Et si on recherche un surcroît, c'est un surcroît de performance !

CH. MELMAN : L'enseignement sort quand même d'un berceau, celui de l'enseignement religieux. Et sa vocation était d'enseigner le respect des lois morales. L'enseignement laïque est resté longtemps marqué par cette origine. Mais, maintenant, jusqu'à un certain point, nous n'avons plus affaire qu'à des écoles professionnelles. Dans la mesure où ces écoles sont devenues telles, il est bien évident que les élèves vont dévaloriser tous les enseignements qui ne contribueraient pas directement et immédiatement à une hypothétique formation professionnelle. À quoi servent les lettres, la philo, le latin, le grec, l'histoire, la géographie dans cette optique ? Certainement pas, en effet, à réaliser des performances.

J.-P. LEBRUN : On pourrait même aller jusqu'à dire que la question fondamentale de tout enfant, à savoir élucider son origine, et par extension toutes les origines, se trouve ainsi évacuée. On est en train de substituer au déploiement de cette question une réponse en fournissant des amas de connaissance jusqu'à littéralement éteindre tout vœu de savoir. Dans la démarche freudienne, c'est la non-réponse au vœu de savoir de l'enfant qui le soutient dans son questionnement...

CH. MELMAN : Et le vœu de savoir n'a jamais concerné que le sexe...

J.-P. LEBRUN : C'est ce que dira un psychanalyste...

CH. MELMAN : Un psychanalyste, mais aussi tout être banalement constitué. Dans la mesure où le sexe, sans mystère, est ramené à des opérations purement biologiques, chimiques, techniques, où, donc, il n'y a plus de place pour aucune vérité, il n'y a plus qu'à tout connaître, à savoir comment ça marche... et plus rien à questionner.

VI

J.-P. LEBRUN : L'expression « nouvelle économie psychique » peut, à travers les initiales, se dire NEP et évoquer par là même la célèbre « nouvelle économie politique » lancée par Lénine dans les années 20 en Russie pour tenter de redresser le pays après plusieurs années de désordres...

CH. MELMAN : La nouvelle économie psychique, en tout cas, a le rapport le plus étroit avec le libéralisme économique, promu un temps en Russie par la NEP. Le libéralisme et le libre-échangisme ont des incidences subjectives directes sur ceux qui participent, *nolens volens*, à leur mise en place et à leur essor. Car le progrès qu'ils instituent consiste à transformer un système qui faisait de l'échange un pacte, en particulier un pacte de solidarité – ainsi que Mauss [1], parmi les premiers, l'a repéré –, en un autre, où domine le contrat, organisé non plus sur la solidarité des partenaires mais sur leurs conflits, leurs concurrences, leurs trahisons, leurs coups bas, leurs astuces, le talent de leurs avocats. Ainsi, une nouvelle politique économique marquant le triomphe du libéralisme entraîne de façon très directe une mutation du rapport au semblable, brisant les

1. Sociologue et ethnologue français (1873-1950) qui rendit compte du phénomène social dans sa totalité en montrant dans son *Essai sur le don* l'importance du don comme origine de l'échange.

solidarités au profit de la concurrence et de l'agressivité. D'où, évidemment, ces réactions auxquelles nous assistons, sanglantes, violentes, terroristes, de groupes humains qui sont les perdants dans cette nouvelle donne et qui cherchent à remettre en place et à revivifier les solidarités ancestrales.

Le discours du capitalisme

J.-P. LEBRUN : Ce qui pourrait renvoyer à ce « discours du capitalisme [1] » dont parlait Lacan. Cette NEP a-t-elle à voir avec ce discours ?

CH. MELMAN : Assurément. L'identité était autrefois organisée à partir d'une reconnaissance de soi par l'Autre *, donc par une figure différente du semblable, une figure représentant une altérité radicale que nous avons déjà évoquée. Les traits spécifiques permettant l'identification avaient forcément des caractères éthiques très marqués : l'honneur, la dignité, le courage, le sacrifice, le don de soi. On a connu ainsi l'idéal du chevalier. Et on voit bien que, dès le XIXe siècle, avec l'essor du capitalisme, cette figure est venue se heurter à celle du financier. Il n'y a de reconnaissance de soi pour le capitaliste – et, par là même, pour tout sujet inséré dans ce « régime » – que dans l'accumulation du capital. Car, quand la reconnaissance n'est plus que celle du semblable, elle est du même coup fragile, susceptible d'annulation. Ce que Hegel avait d'ailleurs fort bien relevé, en montrant comment le maître « moderne » cherche à se faire reconnaître par ses esclaves.

1. Lacan développa dans son séminaire « L'Envers de la psychanalyse », *Le Séminaire*, livre XVII, 1969-70, Seuil 1993, sa théorie des quatre discours *. Il lui arriva, lors d'une intervention à Milan en 1972, d'évoquer un cinquième discours, le discours du capitalisme.

Quelle est la validité d'une telle reconnaissance, d'ailleurs de plus en plus incertaine car jamais suffisante? D'où le besoin d'accroître sans cesse le capital, sans aucune limite à cet effort. La reconnaissance selon le « modèle ancien » était acquise une fois pour toutes : lorsque vous vous étiez fait reconnaître par un certain nombre de qualités, votre « passage » vers un certain statut était admis et définitif. Le sujet capitaliste, aujourd'hui, court sans cesse après cette reconnaissance, exposé à tous les aléas du devenir propre à l'économie, c'est-à-dire risquant de se ruiner, de se retrouver en prison, bref de disparaître. Nous sommes dans deux logiques complètement différentes : l'une est fondée sur l'assomption du trait assurant l'identité; l'autre est organisée par la quête incessante des marques d'une identité qui ne vaut plus que dans le regard du semblable, qui ne peut être validée que par un effet de masse – reconnaissance publique, médiatique – et qui n'est jamais définitivement acquise.

J.-P. LEBRUN : Vous avez évoqué à plusieurs reprises au cours de cet entretien des cas cliniques pour illustrer l'apparition de la nouvelle économie psychique. C'est la clinique qui nous oblige à voir à l'œuvre et à prendre en compte des phénomènes qui, jusqu'à présent, étaient tout au plus marginaux. Voilà, en effet, qu'abondent des demandes autrement organisées – disons hors transfert * – et qui semblent être en résonance avec un ensemble de faits dits de société. En toute logique, cette évolution ne pourra que s'accélérer spontanément, puisque l'une des spécificités de cette NEP est d'empêcher le sujet d'avoir un quelconque recul sur ce qui lui arrive. Est-ce que vous partagez un tel pronostic qui, en ce cas, serait plutôt inquiétant?

CH. MELMAN : Nous étions jusqu'ici sensibles à une clinique organisée par le refoulement. C'est à partir d'elle que la psychanalyse a vu le jour quand on a accepté, à la suite de Freud, d'entendre les « bruits » que venaient faire dans le champ de la réalité les soupirs du désir étouffé. Nous sommes passés de ce régime à un autre, où non seulement le désir n'est plus refoulé, mais où ce sont les manifestations de la jouissance qui dominent – qui doivent dominer. La participation à la vie de la société, le lien social, ne passe plus par le partage d'un refoulement collectif, ce qu'on appelle les us et coutumes, mais, au contraire, par un ralliement à une sorte de fête permanente où chacun est convié. Ce qui est aujourd'hui à la charge du sujet, c'est de se maintenir dans la course à la jouissance. Condamné à la jeunesse perpétuelle, il ne s'en porte pas bien, car cette jouissance * qui lui est comme imposée n'est plus régulée, on l'a vu, à partir d'un lieu Autre *. Plus rien ne vient témoigner de son acmé et de sa détumescence. Et le sujet en ressent un certain désarroi et souffre dès lors d'un manque de repères. Ce qui se traduit, entre autres, par la fatigue et l'anxiété. Comme s'il se demandait : qu'est-ce qu'on me veut ?

J.-P. LEBRUN : Car cette « économie », on le sait, entraîne une confusion entre son désir et sa jouissance...

CH. MELMAN : Tout à fait ! Or, dans l'Histoire, nous l'avons déjà dit, ce type de situation a toujours provoqué un retour de bâton, un appel public au « maître », pour qu'il vienne assurer une régulation de la jouissance. Qu'en sera-t-il cette fois-ci ?

J.-P. LEBRUN : Au regard de l'Histoire, on devrait donc être inquiet. Mais ne sommes-nous pas désormais en train de vivre dans une société plus rétive à cet « appel au maître », du fait de son mode de fonctionnement. La participation démocratique n'est-elle pas désormais considérée comme une donnée intangible, un élément intouchable du jeu social?

CH. MELMAN : Intouchable? Les manifestations de maîtrise qui fleurissent dans divers groupes dans nos sociétés exercent un effet de fascination certain...

J.-P. LEBRUN : Vous pensez, par exemple, à nouveau aux sectes...

CH. MELMAN : Ou au terrorisme!

J.-P. LEBRUN : Certes. On voit mal, pourtant, comment on pourrait tout à coup voir surgir un véritable appel au maître, à un régime autoritaire, dans nos démocraties modernes...

CH. MELMAN : Nous l'avons vu en Europe il y a soixante-dix ans, en Allemagne, ce n'est pas si vieux.

J.-P. LEBRUN : C'est vrai. Mais on peut aussi penser que, pour la première fois, on se serait mis à l'abri de ce genre de surprise...

CH. MELMAN : Tout ce que l'on sait, c'est que le mode de régulation habituel de la société conduit à cela. Est-ce qu'il y en a d'autres? On verra... Je ferai cependant la réserve suivante : on a tort de penser que le sujet est avide de préserver sa singularité. Bien au contraire, on le voit se mettre en quête de toutes les identifications collectives où il pourra venir se dissoudre. Le souci d'être pris en charge, de confier à des systèmes religieux, culturels, politiques, la direction de son existence, est plus évident que jamais. À mon idée, la démocratie, avec son idéal du libre choix, ne conduit pas forcément, du point de vue psychique, à l'état le plus satisfaisant, le plus heureux. L'aspiration moutonnière de nos contemporains est là pour le montrer...

J.-P. LEBRUN : On peut interpréter cette aspiration comme vous le faites, ou se demander si elle ne résulte pas simplement d'une difficulté à faire du lien social autrement qu'auparavant – via la religion par exemple. La religion – je ne parle évidemment pas ici de la foi, mais du *religere*, de ce qui permet de participer à une culture commune – a quand même joué un rôle majeur, aujourd'hui sans équivalent...

CH. MELMAN : Vous posez là une question importante. Car, effectivement, le libéralisme économique, on le sait, produit plutôt des effets de dissolution du lien social. Sauf que, pour ma part, je ne vois pas de remède à cette situation, de solution pour se protéger de ses effets – si ce n'est l'acceptation du discours du maître, et donc l'assomption d'une identité qui serait à son image, la même pour tous. Je ne vais quand même pas rêver à la possibilité de retrouver l'Éden, une vie pastorale faite d'échanges limités aux besoins dans un monde pacifique ! Il faut tenir compte de ce que la psychanalyse nous enseigne !

Se passer du père à condition de s'en servir

J.-P. LEBRUN : Vous avez dit plusieurs fois, dans nos entretiens, que l'inconscient pourrait ne plus être polarisé par le sexuel. Parfois, vous présentez cette évolution qui se profile comme un progrès, comme ce qui permettrait de dépasser l'identité actuelle entre castration * et impossible, à d'autres moments comme une aliénation encore pire, susceptible de nous confronter à des figures inquiétantes, celles d'un Autre * réel. Seriez-vous ambivalent à cet égard ?

CH. MELMAN : L'enjeu de cette question est crucial, puisqu'il concerne le lien avec le Réel. Nous avons trouvé, avec la castration, une modalité pour faire lien avec cette dimension du Réel, c'est-à-dire ne pas en subir l'effroi, ne pas craindre sa toute-puissance, ne pas s'y référer à tout moment comme à un traumatisme, mais plutôt en revanche nous concilier avec lui. À partir du moment où l'inconscient n'est plus sexuel, le Réel n'a plus rien à nous « dire », si ce n'est à nous commander, à fonctionner sur le mode impératif, comme un impératif catégorique.

J.-P. LEBRUN : Ce qui rejoint votre remarque selon laquelle le sexuel creuse le lieu où le sujet peut se mettre à l'abri...

CH. MELMAN : Autrement, on se trouve dans un dispositif psychotique, où ce qui émane du Réel n'intervient qu'au titre du commandement. L'un des grands traits de la psychose, c'est justement celui-ci : les éléments littéraux, les éléments signifiants * qui viennent prendre place dans le Réel ne sont plus corrélés à un interdit sexuel, à ce qui peut venir les sexualiser. Ils ne peuvent donc plus faire retour sous la forme d'un support, d'une relance de la sexualité. Voilà pourquoi j'ai pu parler d'une aliénation encore pire.

J.-P. LEBRUN : Si le père, dans notre société, n'avait plus cette fonction de sexualiser l'impossible, si, faute d'un appui sur le patriarcat, il ne lui était plus possible d'assumer son rôle consistant à permettre ce nouage, si nous en venions donc, comme vous l'envisagez, à ne plus nous servir du père, à quoi arriverions-nous ? Y aurait-il, j'insiste encore, une autre issue que celle de laisser le sujet plonger définitivement dans cette nouvelle économie psychique ?

CH. MELMAN : Le service inestimable qu'un père peut rendre à sa progéniture, c'est effectivement de lui faire savoir qu'il y a un impossible. Il le lui fait valoir évidemment dans le champ de la réalité, à partir de l'interdiction de l'inceste. Et c'est cette dimension de l'impossible, ainsi aperçue, qui s'avère nourricière du désir, qui apparaît même comme la condition du désir. Donc, peut-on dire, voilà le sujet condamné au symptôme, se résoudre à l'échec, à cultiver l'impossible ! La formule de Lacan, proposant de « se passer du Nom-du-Père à condition de s'en servir », témoigne de ce que pourrait être un progrès subjectif à cet égard. Celui-ci consisterait, non pas à célébrer le père comme dans la religion, ou à vouloir simplement l'annuler comme nous le faisons aujourd'hui, mais à en tenir compte. Car à partir de cette prise en compte – et de la mise en place de l'impossible qu'elle comporte –, on serait en mesure de « liquider le transfert », comme on le dit grossièrement dans le jargon analytique. Cela ne signifierait pas que, dès lors, tout serait permis, mais qu'on pourrait aboutir à une reconnaissance simple, directe, de ce que sont purement et simplement les lois du langage. D'ailleurs, si on ne tient pas compte des lois du langage, si on ne se sert pas du Nom-du-Père, on ne peut pas non plus s'en passer...

J.-P. LEBRUN : Il n'y a pas moyen de se passer du Nom-du-Père, à coup sûr, si on ne s'en est pas servi... Autrement dit, pas vraiment d'impasse possible sur les lois du langage ?

CH. MELMAN : Exactement !

Une nouvelle économie psychique pour l'analyste ?

J.-P. LEBRUN : Dans un tel contexte, le psychanalyste ne se voit-il pas contraint de repenser son intervention ?

CH. MELMAN : Le seul service que peut plus que jamais rendre le psychanalyste, c'est de faire exister ce lieu de recel, ce lieu vide qui permet à un sujet d'organiser sa parole, qui est autrement incohérente, ce dont il souffre. La surprise du sujet, c'est de venir parler sur un divan à quelqu'un qui ne lui répond pas et de constater que cette parole dont il est le support se met à s'organiser.

J.-P. LEBRUN : Ce qui permet de redessiner un contour du sujet...

CH. MELMAN : Et du même coup lui redonner une place. De telle sorte que, désormais, lorsqu'il arrivera chez l'analyste, il lui arrivera – le cas est fréquent – de sortir ses clés de sa poche en pensant que, là, il rentre chez lui.

J.-P. LEBRUN : Vous évoquez là un sujet qui aurait spontanément repéré qu'il avait encore une place à occuper, une potentialité à réaliser. Or, on a justement aujourd'hui aussi affaire, on l'a vu à maintes reprises, à des patients pour lesquels cette possible place de sujet ne l'est plus qu'en pointillés, comme si elle était déjà presque effacée. Leur fonctionnement témoigne d'une parole qui ne dit plus rien ou d'une parole qui ne peut jamais faire acte...

CH. MELMAN : Effectivement. Je peux évoquer ici le cas, par exemple, de cette jeune femme, présentatrice de télévision, qui est venue me voir. Il lui a fallu un certain temps pour abandonner son souci permanent de se présenter agréablement, comme « hors castration », une femme parfaite, adaptée, charmante. Cette contrainte « moïque » venait complètement obturer la réalité de son existence. Tout un temps a été nécessaire pour que, brusquement, le masque tombe, et qu'apparaisse la créature douloureuse qui ne pouvait pas s'exprimer. Ce que l'on attendait d'elle, c'était évidemment qu'elle véhicule cette image lisse, idéale.

J.-P. LEBRUN : Vous avez encore affaire là à quelqu'un qui est quand même venu vous voir...

CH. MELMAN : Il y a en effet une énigme. Il semble bien qu'il reste toujours un lieu où le sujet, comme dans le cas de cette jeune femme, par exemple, n'est pas entièrement aliéné. Il reste une partie du sujet qui, bien qu'étouffée, ou peut-être parce qu'elle est étouffée, est en souffrance. Même là, il y a encore quelque chose, si je puis dire, qui demande à exister, à devenir sujet.

J.-P. LEBRUN : Mais qui, en même temps, ne peut pas, ne veut pas se soumettre aux irréductibles contraintes de l'existence !

CH. MELMAN : Bien sûr. Le paradoxe, c'est que l'existence acquise cherche à s'annuler, et l'existence non advenue à se manifester. Mais ce ne sont pas des paradoxes qui doivent nous étonner.

J.-P. LEBRUN : Au fond, ce que nous avons identifié comme relevant de cette nouvelle économie psychique n'est pertinent qu'à la condition de supposer que l'organisation de la vie collective peut modifier la structure psychique des sujets. Est-ce que la formule de Lacan selon laquelle « l'inconscient c'est le social » signifie selon vous qu'il en va effectivement ainsi ?

CH. MELMAN : « L'inconscient c'est le social » veut dire que la castration * n'est jamais une affaire privée. Ses modalités sont toujours collectives. Contrairement à ce qu'imagine le névrosé, l'inconscient n'est pas une affaire singulière.

J.-P. LEBRUN : En effet, cette nouvelle économie psychique, celle de « l'homme libéral » comme vous l'appelez, est congruente avec le modèle économique dominant du marché. Mais est-ce pour vous une évolution aux conséquences particulièrement importantes, ou une véritable révolution qui signe une mutation anthropologique majeure ? Lorsque vous évoquez la persistance, chez votre patiente, de ce quelque chose qui demande à exister, à devenir sujet, j'ai tendance à entendre qu'il s'agit quand même du sujet parlant de toujours auquel nous avons affaire, même si c'est un sujet remodelé par les déterminants de l'économie libérale. À d'autres moments, au contraire, j'ai l'impression que vous décrivez l'émergence d'un mutant. Pouvez-vous terminer en donnant votre sentiment à cet égard ?

CH. MELMAN : Ce que le désir humain a de paradoxal – je le dis encore une fois – tient à ce qu'il est tributaire du rejet d'un objet *. Ainsi, il arrive régulièrement que l'on puisse observer chez un enfant – un trait trop souvent négligé par les pédiatres et les pédopsy – qu'il rejette électivement et de manière obstinée un objet quelconque, toujours le même, qui dès lors tranche avec les objets susceptibles de le satisfaire. C'est cet irréductible « surtout pas ça ! » – ne serait-ce que, par exemple, refuser de manger tel légume ou ne pas mettre tel vêtement – qui va constituer le point fixe organisateur de sa subjectivité et c'est à ce refus, et non à la diversité de ses choix, que sera attachée sa singularité de sujet Paradoxalement donc, le sujet ne persiste dans son existence singulière qu'à la condition de manquer son être puisque c'est cet objet perdu qui assume la permanence de son essence. Freud appelait cet objet *das Ding* pour l'opposer à ce qu'en allemand on nomme *die Sache*, soit la chose au sens le plus banal du terme, et j'ai déjà eu l'occasion de rappeler que Lacan, quant à lui, l'a écrit objet petit a *, de la même façon que le mathématicien Cantor avait écrit aleph pour désigner l'infini. L'objet « cause de notre désir » ne fait donc pas partie de notre réalité mais nous avons à le reconnaître comme situé dans le Réel.

À la question énigmatique qui se pose à tout sujet, « Que suis-je ? », nous voyons donc ce qu'il convient de répondre : en fin de compte, ce qui constitue mon être, c'est cet objet foncièrement perdu, hors réalité, fruit de la prise dans le langage, qui sera le roc réfractaire sur lequel butera le flux des signifiants – des mots pour le dire trop simplement – en même temps qu'il viendra fonder pour le sujet sa part définitive et secrète, puisque de lui-même ignorée.

Voilà le dispositif que subvertit la mutation culturelle introduite par le libéralisme économique en encourageant un hédonisme débridé. Ce n'est, de ce fait, plus une économie psychique centrée sur l'objet perdu et ses représentants qui est avalisée; au contraire, c'est une économie psychique organisée par la présentation d'un objet désormais accessible et par l'accomplissement jusqu'à son terme de la jouissance.

Cette nouvelle organisation est donc parfaitement homogène, sans que ce soit dit, sans que ce soit articulé avec le développement de l'économie de marché. Si vous y réfléchissez un instant, vous voyez simplement que cette NEP, c'est l'idéologie de l'économie de marché. Cette idéologie est anonyme, elle n'a pas de responsable, et c'est ça qui est désarçonnant. Pour être active, elle n'a plus besoin de voix, elle n'a pas besoin de se référer à un auteur, ni d'être révélée, parce qu'elle fonctionne dans un champ logique où il n'y a plus d'impossible. Autrement dit, le Réel est devenu pour chacun d'entre nous une dimension tellement improbable que nous ne savons plus distinguer la réalité de la virtualité. Quand savons-nous si nous sommes dans le vrai ou si nous sommes en représentation ? C'est une question qui ne date pas d'hier, mais elle a pris aujourd'hui une tout autre tournure, car nous n'avons plus les moyens de savoir ce qui est réel et ce qui est virtuel, étant donné que ce qui fonde, je dirais, le champ de la réalité, c'est que celui-ci soit borné par un réel. Or, si ce champ de la réalité n'est plus borné par un réel comme le libéralisme nous le propose, du même coup nous ne pouvons plus savoir si nous sommes là pour de bon, ni même ce que nous y faisons.

C'est en cela que je dirais volontiers que l'homme nouveau est arrivé ! Car son originalité, sans précédent historique, est de participer à une société dont le seul trait identitaire est supporté par cette communauté de jouissance, celle d'un objet désormais disponible pour notre village planétaire. De ce fait aussi, communauté par le partage d'un style qui ne supporte plus la limitation ou la restriction. Et comme le droit doit aujourd'hui suivre l'évolution des mœurs, il sera là pour légitimer les exigences les plus excentriques.

Ce qui est donc neuf, c'est que le trait identitaire n'a plus pour référent une langue, un ancêtre, un idéal – toutes identités qui s'organisaient à partir du « trou » creusé par la perte de l'objet, autrement dit, à partir d'un Réel –, mais celui emprunté à la présence désormais accessible de l'objet de jouissance. Dans une telle configuration, « l'homme nouveau » peut s'identifier lui-même à cet objet, et rien d'étonnant dès lors à ce qu'il s'expose, dans sa vie privée comme sur le marché du travail, à être traité, à son tour, comme objet de jouissance.

Certains pourront avancer qu'il faut se réjouir de cette universalisation des satisfactions, seule façon, après tout, de mettre aujourd'hui le monde au diapason. Pourquoi ne pas nous féliciter de la primauté accordée enfin à ce sujet hédoniste ?

Hélas, il nous faut déchanter. Car l'individu ainsi sollicité par l'économie de marché n'a rien à voir avec quelque existence singulière réelle de sujet. Cette dite économie ne fait qu'interpeller un consommateur abstrait qui doit s'adapter aux offres – mirobolantes, comme nous le savons – qui lui sont faites : ce sont elles qui désormais le subjectivent. Et, d'ainsi tourner autour de l'objet disponible, les créatures elles-mêmes se transforment en objet, ne sont plus que des ectoplasmes auxquels, plus que jamais, s'impose le sentiment d'un vécu virtuel. Puisque ce n'est pas l'identité spécifique de leur désir qui impose leur choix d'objet ; mais à l'inverse, c'est la promotion médiatique qui leur impose un objet, lequel induit un appétit identifiable maintenant par la marque du produit.

Les premiers à reconnaître le nombre grandissant de ces hommes nouveaux mis en circulation furent d'ailleurs les publicitaires. Une exigence croissante d'*esthétisme* est, en effet, venue infléchir l'efficacité de leur message et – qu'il s'agisse d'une voiture, d'un fromage ou d'une campagne contre le sida – en valider l'unique sens : c'est beau, et donc c'est bon.

Les journalistes ont suivi les publicitaires dans ce mouvement de reconnaissance – chiffre des ventes oblige – et on a vu s'accroître dans les quotidiens les pages catalogue des grandes marques en même temps que celles des loisirs – divertissements, voyages, conseils pratiques, etc.

La partie informative de ces quotidiens a considérablement été décroissante par rapport aux nouvelles de « proximité » : seul intéresse le lecteur ce qui le touche, directement ou par participation affective.

Les hommes politiques ont rapidement dû, à leur tour, apprendre à retenir autrement l'attention de l'électeur. Puisque c'est désormais l'image qui fait le message. Il appartenait donc à leurs communicateurs de veiller à ce que l'ensemble des traits qui constituaient leur image soit cohérent, car la moindre discordance invalide le tout. La nature des choix politiques proposés peut, dans cette optique, ne pas paraître décisive et démobiliser l'électeur.

Et nous voilà dès lors dans une communauté organisée par l'individualisme exacerbé et la concurrence de chacun contre tous.

À l'*homo faber* s'est ainsi substitué l'homo fabriqué.

Comme vous le voyez, il s'agit bien, avec cette nouvelle économie psychique, d'un homme nouveau ! Mais la question est de savoir si cet homme nouveau entraînera la péremption de l'ancien modèle, si cet « homme libéral » assuré du bien-fondé de sa jouissance va définitivement prendre le dessus sur le sujet « parlant » – celui que Lacan appelait le parlêtre –, toujours contraint de payer le prix de son désir. Autrement dit, le libre cours de la jouissance va-t-il l'emporter sur l'irréductible tourment du désir ?

Ce qui demande à exister, à devenir sujet – comme chez la patiente que j'ai évoquée –, va-t-il persévérer et finir par trouver sa voie, et par là même retrouver sa voix ? Ou, au contraire, cet humain soumis aux lois du langage va-t-il se laisser définitivement noyer dans la recherche de la jouissance immédiate ? Une telle méprise va-t-elle pouvoir se poursuivre, et peut-être même durer ? Le mutant de la NEP va-t-il devoir trouver de quoi se sustenter autrement ou au contraire ne pouvoir s'accomplir que dans l'autodestruction ?

Notre joyeuse perversité polymorphe peut-elle durer ? Ou allons-nous en revenir à l'ordre moral et au bâton ? Ou peut-on penser qu'avertis, nous pourrions éviter autant le retour à la névrose freudienne de papa que la fuite en avant dans la perversion généralisée ? On verra bien...

[illegible], ne pas paraître [illegible] et dans [illegible]

Et puis voilà [illegible] dans une commune [illegible] par l'ordinateur [illegible] et la [illegible] contestation.

À l'heure [illegible] s'est ainsi [illegible]

Comme vous le voyez, il s'agit, en effet, avec cette [illegible] comme une expérience : [illegible] homme nouveau ! Mais la [illegible] tion est, la seconde, si cet homme nouveau entraînera la destruction de l'ancien homme. Si cet homme [illegible] le monde de [illegible] connu [illegible] qui [illegible] de [illegible] la société [illegible]

À [illegible] aujourd'hui [illegible] [illegible] et [illegible] sa [illegible] de la [illegible] [illegible]

[illegible] peut être [illegible] ce qui [illegible] [illegible] [illegible] on verra bien.

ANNEXES

Enfin une jouissance nouvelle : la nécroscopie [1]

par Charles Melman

On ne répétera jamais assez, après Monsieur Homais, que la science est décidément admirable bien qu'elle n'ait guère inventé de jouissances nouvelles. On pourrait même lui imputer d'avoir plutôt dérangé celles qui étaient jusqu'ici acquises. En tout cas, l'excitation des orifices et l'instrumentalisation de l'organe se pratiquèrent longtemps avant elle et sans doute faudra-t-il attendre encore pour que les manipulations de l'ADN nous valent de nouvelles zones exquises, plus pratiques et plus hygiéniques, espérons-le en passant, afin d'entamer une ère meilleure. La mise à la peine de notre littérature, divisée entre le culte intégriste du sexe et son arasement radical, dès lors qu'elle mesure qu'à peu près tout en a été dit et pratiqué, tient vraisemblablement à ça : il nous faut des frissons neufs. Aussi pouvons-nous être fiers de signaler à l'attention la naissance d'une perversion inédite mais d'emblée ravageuse et aucunement élitiste. Elle doit sa réussite à une performance certes plus technique que scientifique mais, comme on le verra, son mérite ne s'en trouve pas diminué pour autant.

Un assistant en anatomie de la faculté de médecine de Heidelberg a en effet trouvé le moyen de substituer à l'eau des cellules des cadavres, quand ils sont encore frais – par l'intermédiaire d'un bain d'acétone –, des résines époxy. Il en

1. Cet article est paru initialement dans la revue *Art Press*, numéro spécial consacré à « Représenter l'horreur », mai 2001.

résulte un arrêt définitif des processus de putréfaction et une rigidité du corps, qu'il est possible de fixer dans des poses qui rappellent le vivant : le coureur, le penseur, le gymnaste, les joueurs d'échecs, etc.

Le cadavre est donc volontiers présenté debout ou assis, écorché de façon qu'apparaissent les muscles et les trajets vasculaires et nerveux, avec une trépanation temporale qui découvre une partie de l'encéphale, une dissection partielle de la joue qui montre les insertions des masséters, la fixation des muscles du visage en une mimique d'autant plus inspirée que des yeux de verre simulent le regard ; le sexe dénudé est en pleine forme, quoique flaccide. L'un des cadavres porte sur son bras élégamment tendu sa propre peau, comme s'il s'agissait d'un vêtement dont il viendrait de se dépouiller [1]. Harmonieusement disposé, l'ensemble évoque une statuaire non plus imitative mais sortie de la main même de Dieu. Sur le livre d'or de l'exposition itinérante où l'on se bouscule pour admirer ces créations, on relève d'ailleurs des appréciations émues sur la perfection enfin mise en évidence de l'œuvre divin.

Une douce lumière s'y prête, filtrée par des panneaux dont les plaques enclosent de fines lamelles délicatement colorées du corps tronçonné. Les vitraux donnent à la réunion une architecture qui inspire la piété et le recueillement, et ce y compris devant les corps expansés – dont les muscles, telles des corolles, se détachent gracieusement dans l'espace à partir de leurs insertions – ou bien les corps en tiroirs, à l'exemple de ce que le génie de Dali avait su prévoir. Mais aurait-il goûté l'écorché de cette superbe femme, les tétons gonflés et le ventre ouvert sur un utérus gonflé par un fœtus ?

De « l'artiste », le Dr Gunther von Hagens, son maître à la fac écrit dans le catalogue que, lorsqu'il a une idée dans la tête, il ne l'a pas ailleurs, ce qui semble signifier qu'il est de son vivant déjà un peu plastifié. Anticipation parfaitement raisonnable puisqu'il a déjà destiné son corps à une future

1. Ce motif évoque bien entendu le martyre de saint Barthélemy, dont la plus célèbre représentation apparaît dans le *Jugement dernier* de Michel-Ange à la Sixtine

plastification, promettant ainsi aux admirateurs qui voudront le suivre une éternelle et flatteuse promiscuité. La critique qui viendrait facilement sous la plume concernerait le catalogue de l'exposition : un volumineux compendium d'articles de professeurs allemands de toutes disciplines mais égaux en sérieux et trop évidemment chargés de prévenir les éventuelles réticences et soupçons. Pourquoi « l'art anatomique » devrait-il en effet les susciter dès lors que les Lumières, la démocratisation nécessaire du savoir et le plaisir esthétique sont au rendez-vous pour rendre honorable l'exposition de cadavres, et d'une façon qui ne réserve pas aux morticoles le bonheur de fouiner dans les tissus, et ce dans des conditions plutôt humides et dégoûtantes, comme on sait? On devine que les matinées gratuites pour les enfants ne sont pas loin, ce qui leur évitera d'avoir à feuilleter en cachette les dictionnaires. Le poids du catalogue semble ainsi voulu pour plastifier la bouche des critiques. Que retenir de leur pénible crachotis?

La dignité d'objet

Le fait noté est qu'une limite est franchie avec l'usage de cadavres à des fins esthétiques, bref pour qu'on puisse en jouir. Il y avait en effet jusqu'ici ce trait commun à l'espèce humaine du devoir de sépulture, ce lieu de silence et d'obscurité dont s'entretient la mémoire des morts, pure d'être soulagée enfin du réel des corps. S'ils sont ainsi soustraits au commerce des vivants, c'est qu'ils prennent place dans la lignée dont ceux-ci s'entretiennent. Et la profanation des tombes a toujours été vécue comme l'atteinte la plus directe à leur droit d'exister.

La charogne dont la putréfaction est laissée aux prédateurs est l'offense suprême, une façon de châtrer après leur mort ceux qui n'y peuvent mais, sauf à attendre une vengeance venue de leurs enfants.

Certes, la plastification défend contre un tel destin, en permettant aux corps magnifiés une éternité quasi marmoréenne, faisant de l'enveloppe somatique sa propre sépulture. Économique et hygiénique, non? On imagine que les descendants qui voudraient y mettre le prix – car la plastification du corps entier nécessite plus de mille heures d'un délicat travail, et on les voit mal barguigner pour n'en conserver qu'une partie, aurait-elle été chérie – pourraient conserver dans un coin de leur salon le cadavre esthétiquement disposé et assorti de l'ancêtre préféré. Une objection morale au procédé devrait ainsi se réduire à la destination qui est faite au cadavre, utilitaire et esthétique, introduisant dans le circuit de l'échange l'instance réservée à l'usage le plus privé qui soit.

Certes, il y a longtemps que les pays dits sous-développés se livrent à la pratique de mettre dans le commerce – puisqu'il y a les dollars acheteurs – les figurines sacrées de leurs divinités. Et il est touchant de voir que les maîtres d'hier sont parfaitement disposés à leur tour à élever leurs propres ancêtres à la dignité d'objets échangeables. On ne peut que se réjouir des subtilités métaphysiques engendrées par le procédé. Car si l'idéal des membres de l'espèce a toujours été de se faire reconnaître comme hommes, ne voilà-t-il pas que c'est la dignité au titre d'objet – maintenant increvable et d'une beauté qui échappe à la mode – qu'ils chercheraient à perpétuer?

Laissons tomber ces arguties. Les cadavres exhibés n'ont rien de vieillards mais sont des corps beaux et jeunes frappés par la maladie – l'organe tumoral est alors dûment exhibé – ou par un accident. Sont-ce donc encore parfaitement des cadavres ou bien du matériel, ready-made mis à la disposition de l'artiste, comme des cuvettes de W.-C., des guidons de bicyclette ou des fourchettes, et pourquoi a-t-on tant tardé à en user? La question resterait sans réponse si le succès dévastateur de l'exposition – 780 000 visiteurs à Mannheim, ville de Länder où il fallut laisser les portes ouvertes 24 heures sur 24 pour satisfaire la demande, deux millions et demi à Tokyo, un tabac à Vienne (Autriche) – ne nous signalait que son attrait doit certainement moins au désir de s'instruire ou de célébrer la beauté qu'à la perversion qu'elle invente.

La nécrophilie est rare, compliquée à satisfaire et plutôt répugnante. Alors que le procédé technique mis au point par notre « artiste » autorise en toute impunité et pour les meilleurs motifs, dans la convivialité, une jouissance scopique de la mort, franchissement de ce qui était hier aussi bien interdit qu'impossible.

L'authenticité, dans cette affaire, est le bon argument de vente. L'exposition, en effet, n'est pas celle de représentations, mais d'une présentation de l'objet même : il est la limite de ce qui, à la vue, peut être offert. Même exhibé, en effet, le sexe n'est jamais que représentation de l'instance psychique – le phallus, dans la conceptualisation de Lacan – qu'il évoque mais dont se dérobe toute saisie. Le cadavre, en revanche, en est la présentification aboutie et enfin manipulable, rendue ici permise par l'honorabilité et les alibis de la procédure. Thanatos n'a jamais été que la limite d'Éros, le réel auquel inéluctablement celui-ci mène et qui, au terme de la répétition des représentations désirables qu'il agence, offre le seul corps « authentique » qui s'expose à la saisie, au moment où celle-ci vient à défaillir. Faute de pouvoir jouir de l'authenticité du sexe, comment ne pas être fasciné par le réel de la mort, qui en est le couronnement ?

Celui qui a affronté la mort

Mais notre terrain se révèle scabreux, c'est peu de le dire. Car les représentants de l'instance funèbre se retrouvent eux-mêmes authentiques, vrais, réels (et non plus des semblants d'homme) dans une collectivité dont elle est devenue l'idéal, sous l'égide de la croix gammée, par exemple. Définition hégélienne du maître : celui qui a affronté la mort ; autrement dit, celle-ci en autorise la légitimité en en devenant le référent. Et on pourrait rappeler les trépignements d'Hitler lorsque, en 1944, cet idéal étant devenu un peu trop actuel, il assista à la débandade de héros qui se mirent à préférer la vie.

L'amour pour le père a régulièrement hésité entre le devoir de poursuivre sa lignée – au risque de ne valoir que comme médiocre semblant – et celui de mourir pour lui, seule façon de s'accomplir dans l'authenticité de l'idéal. L'exposition berlinoise actuelle des cadavres plastifiés a pour le curieux français un étrange sentiment de « déjà vu ». Non seulement parce que leur posture veut glorifier la beauté éternisée du corps à la manière d'un Arno Breker, dans la musculation. Mais aussi parce qu'ils traduisent le vœu de séduire définitivement le regard de l'Autre, au-delà de la vie même ; c'est ce vœu qui se trouve ici perpétué.

On n'est pas surpris d'apprendre, par sa biographie, que Gunther Von Hagens fut dans les années 70 un transfuge de la RDA. La maîtrise parfaite du corps est un vieil idéal prussien – cf. le Dr Schreber, père du Président – qu'il semble avoir transporté avec lui. Et ce détournement paraîtra dommageable car ses œuvres eussent été remarquables à demeure pour égayer les places et les squares des villes casernes de l'Allemagne de l'Est.

L'exposition itinérante qui maintenant les réunit attirera bien sûr le profane, auquel elle offre, pour le prix d'un ticket, le frisson d'une profanation sans risque et l'assouvissement d'une curiosité enfantine bien naturelle. Qu'y a-t-il dans le corps ? S'il est ramené à sa machinerie, il est bien entendu cadavérisé longtemps avant d'être propre aux exercices de gymnastique *post mortem* du Dr von Hagens.

Introduction
à la nouvelle économie psychique [1]

par Charles Melman

Ridebis, et licet rideas.
Pline le Jeune, Lettre adressée à Tacite,
Livre 1, n° 6

Nous sommes en passe de laisser une culture dont la religion contraint les tenants au refoulement des désirs et à la névrose, pour une autre où s'affiche le droit à leur expression libre et à une pleine satisfaction.

Une mutation aussi radicale entraîne une dévaluation rapide des valeurs que transmettait la tradition morale et politique. Les figures pétrifiées de l'autorité et du savoir semblent s'être délitées d'une façon qui permet de penser que le changement vécu est mené par le concours spontané de volontés individuelles et sans plus de référence à un programme établi. Une certaine angoisse est perceptible à l'idée que ce pourrait effectivement être le cas. L'absence d'une intelligence divine, d'une volonté politique sinon d'un intérêt de classe qui seraient moteurs, prive les phénomènes de lisibilité. Et les déterminations de l'adresse, voire de l'action publique deviennent incertaines dès lors qu'elles doivent tenter l'accord entre elles de la singularité d'autant de monades.

1. Ce texte a été publié initialement dans la revue *La Célibataire* (« Lacan a-t-il fait acte ? », automne-hiver 2000).

C'est le partage d'une commune passion qui parvient seul aujourd'hui à les rassembler en des communautés réduites ainsi au rang de clubs, au hasard : les motards, les écolos, les chasseurs, les patriotes, les homosexuels, etc. ; et l'art de gouverner est devenu celui de rendre compatibles entre eux et avec des directives bruxelloises les intérêts opposés de groupes de pression.

Les jeunes adorent cette mutation, qui d'ailleurs semble la leur. Ne leur a-t-il pas fallu pour la favoriser se détourner des autorités et des savoirs consacrés afin de créer la nouvelle économie qu'on voit triompher et annoncer l'Eldorado ?

Retenons en sa faveur que celle-ci donne la prime à l'invention et à la créativité, rétablissant la primauté de l'intelligence sur le capital et rappelant que celle-ci est la véritable source de richesse.

Freud avançait que « le malaise dans la culture » était lié à l'excès de la répression sexuelle qu'elle exigeait. Le bonheur est-il aujourd'hui à nos portes, dans une société qui serait enfin guérie du symptôme ?

La psychanalyse mérite d'être interrogée pour savoir si une promesse jusqu'ici régulièrement utopique pourrait enfin être tenue.

Vers la constitution d'une langue universelle ?

On peut souhaiter que les linguistes prêtent quelque attention à la langue servant aux échanges internationaux en cours de formation sur la Toile. La mondialisation annoncée n'ira pas en effet sans passer par ses déjà notables et prévisibles particularités. Celles-ci pourraient se révéler déterminantes de notre avenir psychique, si elle devait trouver le statut de langue dominante.

On peut grossièrement distinguer trois types de textes figurant aujourd'hui à l'écran : les textes « littéraires » rédigés selon les règles de grammaire d'un idiome conventionnel, les écrits commerciaux en anglais et enfin ceux qui ici nous concernent et sont à base d'américain en cours d'aménagement. De quelle sorte?

Au premier abord cette langue peut paraître idéale, destinée sans réticence ni réserve à la communication. L'interpellation d'un destinataire inconnu se trouve automatiquement la nettoyer de ces brouillages qu'émet la référence aux origines ou à la subjectivité. C'est seulement l'intérêt pour un commun objet qui s'avère, dans ce cas, susceptible d'assurer le minimum d'identité et d'accord nécessaire à une reconnaissance mutuelle. Il n'en a pas toujours été ainsi. En leur temps, les Indiens sud-américains furent plutôt surpris par le caractère des objets susceptibles d'intéresser leurs conquérants. Leur étalon de valeur était plus idéal, concernant l'ensemble des qualités qu'exige le statut d'homme. Nous n'épiloguerons pas sur le progrès qui aura consisté à assimiler ce statut à celui d'un consommateur. Mais nous retiendrons surtout que l'usage conventionnel du langage comporte plus de références et de conséquences qu'il n'y paraît aux théoriciens de la communication. C'est ainsi que, au mépris de la vraisemblance et de la réalité sociale, ils récusent le terme de « langue maternelle », en se fondant sur l'absence du signe linguistique pertinent qui la distinguerait.

Nous pousserons même leur courroux devant les intrusions de la psychanalyse en les priant de définir, cette fois, ce qu'ils entendent par « langue morte ». Serait-ce à cause de l'aspect supposé chenu des spécialistes qui la pratiquent ou bien parce qu'elle n'est plus le véhicule d'échanges amoureux, bref qu'elle ne sert plus à f...?

Le don octroyé par une langue maternelle à ses enfants est de les réunir dans la célébration d'une commune origine et aussi de les séparer par une altérité prometteuse d'une pacification sexuelle; et ce au moins quand l'un des partenaires ne s'estime pas trop lésé dans la répartition des rôles pour préférer le conflit. Elle inclut aussi, en son intérieur, une altérité qu'elle protège parce qu'elle est porteuse de vie, bien différente de l'étrangeté sise au-delà d'une frontière. La règle de l'échange des femmes entretient encore dans les mentalités l'idée que le mariage est une victoire gagnée sur le représentant d'une communauté étrangère qui, mis au service du sexe, de la reproduction, voire du travail, passe ainsi au statut d'autre. Il est vraisemblable qu'une partie du « mépris » attaché aux femmes est liée à ce parjure imaginaire, qui leur est prêté, de leur filiation. Mais la surprise apportée par l'observation la plus commune de la vie conjugale est de voir qu'aujourd'hui le sexe de celui qui vient occuper la position autre n'est plus, des deux, aussi bien décidé ; bref qu'on serait insensiblement passé aussi bien, par esprit de progrès sans doute, à l'échange des hommes. Le mythe du rapt par lequel des ancêtres héroïques seraient allés enlever les femmes, étrangères donc, d'une population voisine témoigne de notre débilité mentale ; il persiste en effet dans la pérennisation de la guerre des clans, telle qu'elle défraie volontiers la chronique de la vie conjugale moderne.

L'inégalité instituée par un idiome donne à l'un (ou à l'une) une position dite maîtresse et à l'autre cet investissement par l'objet de séduction qui le rend désirable. Cet objet qui, là aussi, peut être endossé par l'homme de sorte à faire qu'il se retrouve, dans le couple formé avec le maître capitaliste, propre à être exploité. La pacification entre partenaires dépend sans doute beaucoup de la satisfaction qu'éprouve le maître à tenir son rang.

Quoi qu'il en soit, les partenaires séparés de cette communauté si singulière mise en place par l'usage de l'idiome, se reconnaissent l'un l'autre au déploiement mutuel de métaphores et de métonymies ; analogue à celui d'un plumage, ce ramage – puisqu'il lui arrive aussi de se réduire à des stéréotypes verbaux aussi codés que le chant des oiseaux – permet de signaler l'identité au-delà de la différence...

Fait majeur, cette identité se fonde d'un partage non pas de l'être mais de l'entame ; le jeu infini des métaphores et des métonymies par lequel elles ne renvoient jamais qu'à elles-mêmes signifie distinctement en effet la découpe et la mise hors champ de l'être qu'elles font infiniment désirer.

Dans le règne animal, l'humain se distingue en exhibant cette bizarre maladie qui consiste à vouloir sans cesse se persuader du bien-fondé, de la légitimité de son être et de celui de son objet. Les formes cliniques, on le sait, en sont souvent cruelles pour l'espèce, ou bien pour les femmes.

La néo-langue inter-idiomatique en cours de formation sur la Toile est-elle en mesure de nous valoir quelque armistice? Il est évident qu'elle écarte la communauté d'origine au profit d'une passion partagée pour un même objet. Celui-ci est explicitement intramondain et justifie rétroactivement un usage purement dénotatif du signifiant.

Le code d'une langue exacte serait ainsi en passe – enfin – de se constituer si la créativité des locuteurs et la connaissance approximative de la grammaire de l'américain ne s'associaient pour forger une langue originale, fluctuante, affranchie de la syntaxe et de l'orthographe, contrainte seulement par le souci de transmettre un sens. Pas de police régulatrice donc entre les scripteurs dont le droit au confort de l'expression prime sur le savoir et les règles. La dévaluation du savoir acquis de l'écriture par rapport à l'innéité apparente de la parole abolit démocratiquement la dimension de la faute mais aussi paradoxalement celle du lapsus. Ce type de rédaction suppose-t-il d'ailleurs encore un inconscient dès lors qu'une complicité sociale recommande l'expression libre des fantasmes? « Son pair ne l'aimait poing », exemple récemment relevé par la presse dans une dictée au Brevet, ne peut valoir comme création poétique qu'à la condition de se référer à un code, celui qui de fait se trouve écarté sur la Toile. Une graphie aussi originale aurait pu paraître poétique, créatrice d'une nouvelle forme littéraire – un curieux dérivé du joycien, par exemple – si la récusation d'un ordre de référence ne la contraignait à prendre un sens pour point fixe, ici celui de l'objet dont la passion est partagée.

En réalité, ce point fixe est un plus-de-sens. Car la tradition de l'herméneutique nous rappellerait s'il le faut que l'interprétation est au principe du déchiffrement de tout texte, dont la propriété intrinsèque est précisément de faire se dérober l'objet qui ferait clôture à la quête de sens. Qu'il soit ici posé sur le devant de la scène, à partir d'un consensus social le qualifiant bon à jouir, est un avènement.

La pensée unique, trop facilement dénoncée, doit son univocité à celle de cet objet dont l'exhibition arrête la diversité des interprétations de ce qui aurait pu en être la meilleure approche. Mais elle lui doit aussi de renoncer à la dimension de la vérité puisque celle-ci ne subsistait que de l'échec de la saisie, du « C'est pas ça » qu'elle lui oppose. Certes l'objet mis dans le commerce est de l'ordre de l'artifice ; mais son éthique est bien de s'afficher comme le véhicule de l'ultime et vraie jouissance, celle qui vous cloue le bec sans rémission, le fermant à tout étonnement.

Est-ce une perversion ? Ce le serait s'il s'agissait d'une transgression. Dans notre cas, le consensus social inaugure une satisfaction qui pourrait être à la fois accomplie et lavée du péché, d'autant qu'elle met les partenaires à égalité autour d'un objet unique et laïcisé, si l'on peut dire, dispensé d'être dérobé à Dieu puisque pur effet de l'art. Parité donc par ailleurs assurée des partenaires, bien différente du chiasme qui divisait jusqu'ici un couple engagé dans la capture d'un objet qui pour chacun était différent et avait désespérément besoin de légitimité, quand la transgression ne venait pas le conforter d'une pointe d'érotisme.

Mais de quel sujet maintenant cet objet d'artifice vient-il assurer le ravissement ? Le caractère privé du codage dont nous évoquons la formation sur la Toile singularise-t-il un sujet ou bien exprime-t-il directement le besoin d'un organisme ?

Un sujet ne subsiste qu'à condition de pouvoir faire reconnaître sa singularité. Dans le cas présent les acteurs ont le plaisir de se fondre dans l'anonymat d'un corps collectif dont la voix devient le référent de la leur. Cette voix est évidemment d'autant plus puissante qu'y confluent davantage de filets – conception schrébérienne – ; mais elle cherche néanmoins l'oreille autre susceptible de lui renvoyer la perception de sa particularité. Le vœu exprimé à cette occasion est-il de l'ordre de la demande ou du désir ? Rappelons que pour Lacan, si le besoin souffre de n'avoir pas d'objet qui réponde universellement à la demande, le désir, lui, se supporte bien d'un tel objet (nommé par lui a) mais en tant qu'il échappe à la prise. Dans le cas qui ici nous intéresse, ni la demande – qui est en son fond demande de rien – ni le désir – dont la physiologie est de s'épargner la rencontre avec l'objet – ne semblent convoqués. Le mécanisme original de satisfaction en cause s'apparente davantage à celui d'une dépendance à l'égard d'un objet appartenant au champ de la réalité et dont une alternance de la présence et de l'absence règle l'économie. On peut dire en ce sens que celle de la toxicomanie paraît à l'avant-garde d'un procès culturel en passe de se généraliser.

Un tel progrès ne paraît pas devoir souffrir d'être ramené à une étape archaïque du développement psychique dont Winnicott a noté la permanence chez l'enfant, marquée par cette relation alternée avec un objet qu'il a appelé transitionnel; ce qualificatif le spécifie au temps qui précède le moment où sa perte définitive l'éternisera dans une brillance dont les substituts qui le représenteront dans la réalité n'auront plus que le reflet.

On appréciera la résurgence possible de cette étape à l'occasion d'une tension de l'organisme résolue pour la demande, par la mise en place d'un objet susceptible d'universellement la satisfaire et, pour le désir, par son appropriation. On pourrait ainsi appeler appétence quasi pulsionnelle la nouvelle relation établie par l'organisme avec un objet dont l'alternance présence/absence fait le prix.

Plus-de-jouir socialisé donc, signalant le triomphe d'un hédonisme collectif sur le symptôme. Son bénéfice n'est pas mince en effet si on considère que le sexe – inévitablement représenté pour notre imaginaire par un sexe mâle – figure parmi les articles disponibles et que le dispositif autorise enfin l'égalité de partenaires réunis quelle que soit leur anatomie – par une même tension pour un même objet. L'alternance des places dans le rapport dominant/dominé venant mimer dans la réalité celle de la présence/absence fait de la parité le mot d'ordre politique de l'avenir.

Cette approche – encore succincte et privée d'exemples – de la langue en cours de formation pourrait paraître forcée si les mutations culturelles présentes ne plaidaient pour une extension plus large de ses effets. Il est trivial de retenir le désinvestissement frappant les études littéraires et l'orthographe On a même vu des autorités ministérielles recommander d'adapter cette dernière aux graphies naïves spontanément proposées. Il est prévisible qu'une culture fondée sur la référence aux textes prenne cette évolution comme un crépuscule. Mais on retiendra que leur incidence dans le champ de la religion et de la politique a pu donner aux fleurs de la rhétorique de funèbres destinations. C'est d'ailleurs à quelques-unes d'elles que la psychanalyse doit son extension, après la Première Guerre mondiale.

On aura aussi noté le traitement volontiers business-like des relations amoureuses. Il y a certes longtemps que les femmes des pays industriels ont cru devoir se donner l'apparence de produits manufacturés dont le luxe qualifiait le standing du partenaire. Mais, à se fier aux médias, c'est maintenant la rude, crue et comptable langue du commerce qui se serait substituée à la poésie du dialogue amoureux. La loi de l'offre et de la demande, le rapport qualité/prix du partenaire, et sa réexpédition en cas de non-satisfaction, ne semblent pas contrarier gentes dames et troubadours.

Le contrat n'entend plus s'embarrasser, souvent, des contraintes liées à l'inscription du couple dans une lignée. Ainsi sont-ce facilement le juge des affaires matrimoniales, demain le tuteur des enfants qui font figure de tiers requis.

La difficulté moderne du couple, dont le contrat devenu commercial et juridique a pu de façon imaginaire se substituer à la symbolique de l'échange, est d'avoir à assurer le plus-de-jouir qu'a promis le marché. Mais l'alternance présence/absence implique une périodique baisse de tension qui peut parfaitement être vécue comme préjudice.

Le génie de l'industrie a été de fabriquer les instruments chargés de soulager la peine du travail; il est aujourd'hui de produire ceux capables d'assurer une jouissance accomplie, dès lors qu'ils abolissent nos limites. On arrive ainsi à plus jouir du corps de son automobile qu'à profiter du moyen de transport qu'elle représente.

Notre nouvelle société serait-elle celle d'une perversion généralisée ? Perversion athée et donc bénigne, dirions-nous, puisqu'elle se dispense d'interpeller ou d'avoir besoin de Dieu. Mais elle laisse ouverte la question de savoir si la fête permanente à laquelle nous sommes conviés est susceptible de nous guérir du symptôme.

Glossaire [1]

AUFHEBUNG : Pour Hegel, le processus qui anime le réel et le rationnel – l'être et la pensée – obéit à un rythme ternaire : la thèse ou l'affirmation, l'antithèse ou la négation et la synthèse ou la négation de la négation. C'est cette dernière qui constitue le moment de l'*Aufhebung* (« dépassement-conservation »).

AUTRE : Lacan a très vite écrit Autre – autre avec une lettre majuscule – pour le distinguer du partenaire. Il s'agit donc ici d'un lieu, qui est en particulier le lieu du langage, situé au-delà de quiconque et où se situe ce qui est antérieur au sujet et qui néanmoins le détermine. C'est la mère qui fait office de premier Autre pour le sujet, ce qui veut dire que c'est elle qui rend présente à l'enfant cette scène où sa subjectivité va être construite par des paroles extérieures à lui-même avant qu'il ne se les réapproprie. La mère prête donc son corps à être pour l'enfant ce lieu de l'Autre, qui est aussi le lieu du langage, le lieu des signifiants.

1. Ce glossaire très sommaire et approximatif, même s'il évoque parfois des notions complexes, a été réalisé par Jean-Pierre Lebrun en vue d'aider le lecteur peu averti à l'usage du vocabulaire de la psychanalyse. Il n'a d'autre prétention que de lui donner la possibilité de poursuivre sa lecture sans trop perdre le fil de ce qui est avancé. Il s'est appuyé sur les dictionnaires de psychanalyse existants et plus particulièrement sur celui de Roland Chemama et Bernard Vandermersch (Larousse-Bordas, 1998).

BORDERLINE : Voir état-limite

CASTRATION : Freud a identifié l'existence de l'angoisse liée à la menace de castration chez l'homme et à l'absence de pénis chez la femme. D'ores et déjà, il s'agissait de repérer les conséquences subjectives, principalement inconscientes, de la prise en compte de ce manque possible. Lacan, quant à lui, a démontré qu'il ne s'agissait en fait là que des conséquences de la soumission du sujet aux lois du langage et de la parole. Pouvoir parler, montre et démontre-t-il dans toute son œuvre, nécessite l'existence d'un manque, comme le jeu de pousse-pousse ou de taquin suppose une case vide. La castration est dès lors devenue synonyme du manque à être qu'implique la prise de chaque sujet dans le langage. Et c'est cette articulation qui a amené Lacan à différencier la castration de la frustration et de la privation. Il s'agit là de trois modalités du manque : la castration, comme manque symbolique, la frustration, comme manque imaginaire, et la privation, comme manque réel. La confrontation à l'angoisse de castration (confrontation au père) est normalisante pour le sujet puisqu'elle le contraint à quitter sa position de toute-puissance imaginaire d'enfant (il était le phallus – cf. ci-dessous Phallus – pour la mère). Mais, pour cela, encore faut-il qu'il la dépasse en l'assumant, c'est-à-dire en consentant à ce que son désir soit désormais organisé par un manque sans appui sur l'idéal paternel.

CHAÎNE DE MARKOV : Dans le texte mis par Lacan en introduction de ses *Écrits* (Seuil, 1966), consacré à un commentaire de « La lettre volée » d'Edgar Poe, il est fait référence à Markov, mathématicien russe (1856-1922) spécialiste de la théorie des nombres et des probabilités. Les chaînes de Markov désignent les lois qui organisent des suites pourtant apparemment purement aléatoires. Ainsi, quand on écrit une succession de quatre signes, par exemple « + + – + » ou « + – + + » ou encore « + + + – », leur ordre paraît seulement dû au hasard et donc n'obéir à aucune loi. Il suffira pourtant de les regrouper en segments de trois pour obtenir des ternaires homogènes « + + + », symétriques « + – + » ou dissymétriques « + + – », et du seul fait de ce regroupement en ternaires pourront se dégager des lois dans ce qui pourtant apparaissait comme purement aléatoire. Ainsi, par exemple, après un ternaire homogène « + + + », vous pouvez avoir un ternaire dissymétrique mais pas un ternaire symétrique. Si vous écrivez « + + + » et que vous voulez poursuivre, soit c'est par un « – » et votre suite devient « + + + – », le dernier ternaire est dès lors dissymétrique, soit vous ajoutez un « + », et vous obtenez « + + + + », et en ce cas votre dernier ternaire est homogène. Il faut donc constater, grâce à ce seul regroupement, qu'il est impossible de faire émerger un ternaire symétrique après un ternaire homogène. Autrement dit, du seul fait de regrouper les signes par trois, une proto-loi se met d'emblée en place, matrice de la Loi (cf. Loi) au sens psychanalytique du terme.

CONSTRUCTION : Élaboration concernant l'histoire du sujet faite par le psychanalyste afin de retrouver ce que ce sujet a oublié, dont il ne peut plus se souvenir, et dont la communication agirait dans la cure parallèlement à l'interprétation. C'est dans un texte de la fin de son œuvre que Freud a montré l'importance pour l'analyste de proposer des constructions à certains patients. Ce concept pose la question de la part active que doit prendre l'analyste dans le travail de l'analyse, de son éventuelle nécessité comme de ses limites.

DISCOURS : N'équivaut, en psychanalyse, ni à langue ni à parole. Lacan a appelé ainsi le type de relations que pouvaient avoir entre eux les sujets en fonction de l'agencement qui organise les quatre termes – S barré, S1, S2, a – qu'implique la « prise » des sujets dans le langage. Ces quatre termes sont : la batterie des signifiants (des mots pour le dire trop rapidement) dite S2, un (ou des) signifiant maître S1 (ce qui a organisé singulièrement le sujet, les mots qui ont pour lui été déterminants), le sujet marqué par le langage et qui est insaisissable (il « se barre » sans cesse puisqu'il n'est que le « produit » de la chaîne des signifiants) dit S barré, et l' « objet a », le reste de l'opération signifiante, ce qui échappe toujours aux mots.

En fonction de la préséance de l'un ou l'autre de ces termes, mis ainsi en position d'agent, donc en position organisatrice, il y aura quatre types différents de lien social : le discours du maître (où c'est S1, donc le signifiant maître, qui commande), le discours universitaire (où c'est S2, donc le savoir, qui commande), le discours hystérique (où c'est S barré, donc le sujet, qui commande) et le discours analytique (où c'est l'objet a qui commande). Une seule fois dans son œuvre (conférence à Milan sur le discours psychanalytique), Lacan a évoqué un cinquième discours, le discours du capitalisme, où c'est en apparence le sujet qui commande, mais où les conséquences de cette organisation font qu'il n'y a plus vraiment de lien social.

DIVISION DU SUJET, DIVISION SUBJECTIVE : Le fait d'être « soumis » au langage a comme conséquence pour le sujet de ne pas avoir à sa disposition – contrairement à l'animal – un comportement prédéterminé. La perte qu'implique la « prise » dans le langage (cf. ci-dessus « castration ») engendre une incertitude irréductible pour le sujet quant à son désir. Il est condamné à le chercher sans plus jamais pouvoir le trouver absolument. Lacan a qualifié de « division du sujet » cet effet du langage, divisant le sujet entre ce qu'il dit et le fait de dire, entre énoncé et énonciation.

ÉTAT-LIMITE : Traduction du terme anglais de borderline. Il s'agit d'une entité nosographique ambiguë regroupant des troubles de comportement qui sont plus conséquents que ceux relevant de la névrose, mais qui ne relèvent pas de la psychose. On retrouve chez les sujets dits « états-limites » une intolérance à la frustration, une insécurité intérieure, une hypersensibilité à toute remarque ainsi qu'un sentiment de vacuité et d'ennui. Ces patients passent très facilement à l'acte pour résoudre leurs tensions intérieures, ce qui entraîne des conduites professionnelles ou affectives instables, parfois même autodestructrices. De plus en plus de patients présentent aujourd'hui ce tableau et sont dès lors diagnostiqués ainsi, ce qui laisse ouvertes les questions de la structure du sujet (névrose ou psychose), de la prescription thérapeutique et du lien de ces pathologies avec notre fonctionnement social.

FANTASME : Pour Freud, le (les) fantasme(s) désigne(nt) un scénario que l'on se représente, impliquant un ou plusieurs personnages et qui met en scène de façon plus ou moins déguisée un désir. Les fantasmes vont ainsi des rêveries imaginaires conscientes qui nous sont facilement accessibles aux représentations inconscientes qui organisent notre réalité psychique. En ce sens, parler de fantasme(s) recouvre aussi bien l'expression courante que ce que la cure analytique peut faire émerger. Lacan a montré l'articulation qu'il y avait entre le fantasme et la « prise » dans le langage. Il a d'abord insisté – à la suite de Freud – sur la nature essentiellement langagière du fantasme (c'est toujours une phrase qui vient pour dire un fantasme) pour aller, ensuite, jusqu'à introduire la notion du « fantasme fondamental ». Celui-ci correspond à la manière dont le sujet répond à ce qu'il suppose que les premiers autres attendent de lui. Par exemple, l'Autre (cf. ci-dessus) veut me dévorer et attend de moi que je le nourrisse. À ce titre, le « fantasme fondamental » va constituer pour le sujet, le cadre de la fenêtre au travers de laquelle il appréhende le monde. Ce cadre va déterminer sa plus ou moins grande capacité de changement. C'est ce fantasme fondamental qu'une cure analytique est censée non pas modifier – car ce qui a été mis en place lors de l'arrivée au monde du sujet ne peut changer –, mais relativiser, rendre moins consistant.

FRUSTRATION : Voir Castration

HYSTÉRIE COLLECTIVE : Comportement névrotique de type hystérique qui s'étend à un groupe d'individus comme sous l'effet d'une épidémie.

IDÉAL DU MOI : Voir Moi-idéal

IMAGINAIRE : Voir RSI

INSTANCE PHALLIQUE : On parle d'instance phallique pour insister sur le caractère organisateur du Phallus (cf. ci-dessous) symbolique – comme s'il s'agissait d'une institution – pour la subjectivité. C'est Lacan qui donne au Phallus sa valeur conceptuelle en psychanalyse. Il finira par penser le Phallus en termes de fonction phallique, qui vaudra tant pour l'homme que pour la femme, encore que différemment. Ce concept est important dans l'œuvre de Lacan, où le symbole Phallus apparaît comme la marque de ce que l'homme et la femme doivent au langage.

JOUISSANCE : Le terme, lorsqu'il est employé par des psychanalystes, n'est pas à entendre dans son acception usuelle, encore qu'il n'en soit pas dégagé pour autant. Communément, en effet, le terme jouir renvoie à la jouissance sexuelle, et à ce titre fait bien entendre qu'il a partie liée avec le plaisir. Mais dans le même mouvement, la jouissance est au-delà du plaisir. Lacan a d'ailleurs indiqué que le plaisir était une manière de se protéger de la jouissance. De la même façon que Freud indiquait qu'il y avait un « au-delà du principe de plaisir ». Ainsi boire un vin de qualité peut être qualifié de plaisir, mais l'alcoolisme emporte le sujet vers une jouissance dont il sera surtout l'esclave. Par extension, le mot peut être utilisé pour désigner le fonctionnement même d'un sujet en tant que celui-ci répète inlassablement tel ou tel comportement sans du tout savoir ce qui le contraint ainsi à rester – telle une rivière – dans le lit de cette jouissance.

JOUISSANCE AUTRE – JOUISSANCE PHALLIQUE : Distinction introduite par Lacan à partir du fait que l'humain « habite » le langage. En effet, comme Lacan le démontre, la découverte de Freud – l'existence de l'inconscient – n'est qu'une conséquence de ce que nous parlons et que nous sommes les seuls animaux à le faire. « Habiter » le langage suppose dès lors expérimenter un autre mode de jouissance que celui que l'on peut supposer à l'animal, un mode spécifique, qu'il appelle jouissance langagière ou phallique parce qu'elle soumet le sujet à la reconnaissance d'une instance organisatrice, le Phallus. Le fait de se référer au Phallus pour les deux sexes ne réduit nullement la jouissance langagière à celle du mâle. En effet, Lacan repère une autre jouissance, la jouissance féminine, supplémentaire à la jouissance phallique, qu'il nommera la jouissance de l'Autre. Ce sont ces termes que Lacan emploie pour désigner autrement – et, de ce fait, mieux dire – d'un côté la spécificité masculine de se référer entièrement au Phallus, et de l'autre la particularité féminine qui est de ne pas s'y référer entièrement, de n'y être « pas-toute » confinée. Ainsi pour Lacan, les deux sexes se réfèrent à une seule libido – en cela, il rejoint Freud –, la libido dite phallique, mais différemment : un homme est « tout » phallique alors qu'une femme est « pas-toute » phallique.

LOI : Le terme de Loi en psychanalyse ne renvoie nullement à la loi écrite du droit, encore moins aux règles et règlements. Par Loi, il faut entendre ce qui existe comme Loi au-delà des lois écrites et qui, du point de vue de la psychanalyse, désigne la prohibition de l'inceste en tant que celle-ci organise toutes les sociétés humaines et en tant qu'il est possible de lire sa nécessité comme articulée à la perte que va imposer la « prise » du sujet dans le langage (cf. ci-dessus Castration).

MÉTAPHORE – MÉTONYMIE : Dans l'usage courant, figures de rhétorique désignant respectivement : pour la métaphore, la substitution d'un mot à un autre amenant la production d'un sens nouveau – désigner le roi Richard par le terme de lion – et, pour la métonymie, la substitution à un premier mot d'un second qui est en relation avec lui, ce qui permet de désigner une partie pour le tout, un contenu pour un contenant, etc. – une voile pour un bateau, une tasse pour le liquide qu'elle contient, etc. Lacan subvertira cet usage courant pour faire de ces deux « mécanismes » les procédés mêmes de l'organisation du signifiant (cf. Signifiant) dans l'inconscient. Ainsi métaphore et métonymie coïncideront avec les procédés que Freud avait identifiés comme étant ceux à l'œuvre dans l'élaboration du rêve, à savoir le déplacement et la condensation. De manière encore plus générale, Lacan fera appel au concept de « métaphore paternelle » pour rendre compte de la première substitution signifiante, celle de la mère par le père. Ce sera sa manière de lire de manière structurale le complexe d'Œdipe de Freud. En effet, il ne s'agit plus tellement d'insister sur l'intérêt initial de l'enfant pour la mère et sur la rivalité avec le père qui « possède » la mère; il s'agit pour Lacan de repérer que l'importance du scénario œdipien tient à ce que, pour la première fois, un autre (le père) vient se substituer au premier autre (la mère) auquel l'enfant a eu à faire. Et cette première substitution est comme le modèle de la possibilité de substitution généralisée en quoi consiste notre aptitude au langage. Lacan qualifiera, en revanche, le désir de métonymique pour rendre compte de l'éternelle substitution d'objet qui organise celui-ci. La perte impliquée par le langage (cf. ci-dessus Castration) va faire qu'aucun objet ne pourra venir combler ce manque et que le désir, causé par celui-ci, ne pourra se soutenir que dans la recherche éperdue d'objets toujours inadéquats.

MOI IDÉAL et IDÉAL DU MOI : Deux instances psychiques nommées ainsi par Freud sans qu'il ne les ait toujours bien distinguées conceptuellement. Lacan désigne par Moi idéal une image qui attire le sujet vers un idéal et se fait donc support de son identification; en ce sens, cette instance psychique relève du registre imaginaire. En revanche, l'Idéal du moi, constitué par l'un ou l'autre trait qui attire aussi le sujet vers un idéal, est une instance symbolique qui renvoie à une valeur morale ou éthique. Un exemple de moi idéal, c'est une figure charismatique pendant l'adolescence ; d'idéal du moi, une vertu pour laquelle le sujet va sacrifier une partie de ses intérêts immédiats.

NŒUD BORROMÉEN : Objet mathématique issu de la topologie et utilisé par Lacan dès 1972 pour montrer l'articulation des trois registres du Réel, de l'Imaginaire et du Symbolique. Le nœud borroméen se caractérise par l'enlacement de trois « anneaux » ou « ronds de ficelle » tel que la rupture d'un seul entraîne la déliaison des trois. Il s'agissait aussi de la figure inscrite sur le blason de la famille des Borromée qui scellait ainsi son indissoluble amitié avec deux autres grandes familles italiennes.

OBJET : Pour la psychanalyse, le terme d'objet nomme d'abord d'une manière générale ce qui est visé et/ou investi par le sujet pour établir un lien avec le monde extérieur, que ce soit un objet au sens courant du terme ou un autre sujet. D'où, d'ailleurs, le fait que l'on parle de « relation d'objet » pour désigner les modalités fantasmatiques qui organisent la relation d'un sujet au monde extérieur. De manière plus précise, la conceptualisation psychanalytique a aussi évoqué plus spécifiquement certains types d'objet : ainsi les bons et mauvais objets (Melanie Klein, 1934), l'objet transitionnel (Donald Woods Winnicott, 1951), ou encore l'objet a (Jacques Lacan, 1960).

OBJET a : À proprement parler, il s'agit de « l'invention » de Lacan, et cela selon ses propres termes. L'objet a est l'objet cause du désir. Non représentable comme tel, « perte » impliquée par la parole mais qui va lester l'ensemble de la chaîne signifiante, il va, de ce fait, donner au sujet sa « consistance » – consistance paradoxale puisqu'elle ne se maintient que de cette perte.

PHALLUS : Pour la psychanalyse, le phallus n'est pas à confondre avec le pénis. Ce dernier est l'organe anatomique du mâle alors que le premier est d'abord le symbole de cet organe en érection. C'est au titre d'être ainsi au service du flux vital que le phallus est devenu symbole de la libido, et cela pour les deux sexes. Freud a insuffisamment distingué pénis et phallus. Il revient à Lacan d'avoir donné à la notion de phallus sa place centrale dans la théorie psychanalytique. Pour ce dernier, le phallus est un signifiant, mais un signifiant particulier puisqu'il désigne l'ensemble des effets du signifiant sur le sujet, et plus spécifiquement la perte liée à la prise de la sexualité dans le langage. Ainsi le phallus fonctionne comme le symbole du « tout », mais penser « tout » est déjà éloigné de la réalité du « tout ». Lacan se référera souvent au Phallus symbolique – désigné par une majuscule – comme à ce signifiant qui nomme le « tout », mais qui dans le même mouvement est déjà le signe de la perte de ce « tout »; il nommera phallus imaginaire – écrit avec une minuscule et toujours précédé du signe « moins » – ce « tout » après quoi le sujet court toujours mais sans jamais pouvoir l'atteindre.

PLUS-DE-JOUIR : Néologisme proposé par Lacan pour désigner, par homologie avec la plus-value marxiste, la jouissance après quoi court le désir humain sans pouvoir jamais y parvenir.

PRIVATION : Voir Castration

RAPPORT SEXUEL : On connaît la formulation célèbre de Lacan selon laquelle « Il n'y a pas de rapport sexuel ». Ce qu'il voulait ainsi faire entendre, c'est que, du fait de leur « prise » dans le langage, homme et femme ne se rencontrent jamais complètement, qu'il y a toujours un reste – comme quand on divise cent par trois – et que, bien sûr, l'existence de ce reste – irréductible – fait échouer tout espoir de complémentarité des sexes. De plus, le rapport à ce reste n'est pas le même pour les deux sexes : l'homme, en effet, est « tout » phallique et la femme « pas toute » (cf. Jouissance Autre). De ce fait, ce qu'une femme attend d'un homme n'est pas ce qu'un homme attend d'une femme. De la pertinence de cet aphorisme peut certainement se déduire le constat de la permanence des difficultés de la vie conjugale.

RÉEL – SYMBOLIQUE – IMAGINAIRE : Il s'agit des trois dimensions identifiées par Lacan comme constituant la vie psychique de l'homme. On peut avancer que, dans le monde animal, deux de ces registres – l'Imaginaire et le Réel – fonctionnent déjà, mais que le Symbolique, quant à lui, ne se retrouve de manière accomplie que dans le monde des animaux parlants, les humains.

Le Symbolique renvoie donc à la façon dont notre monde est organisé par le langage et par ses lois (la discontinuité de la chaîne des signifiants, les substitutions de signifiants par métaphore et métonymie, la perte irréductible impliquée par le langage, la castration). Il s'agit d'autant de traits qui impriment au fonctionnement humain des contraintes en même temps qu'elles lui donnent accès à la possibilité de la parole. Lacan insiste au début de son œuvre sur le fait que l'introduction du Symbolique permet d'accéder au monde humain et que ce registre prévaut sur les deux autres. Par la suite, cependant, il montrera que le nouage des trois registres peut s'opérer sans qu'il y ait besoin de postuler la préséance de l'un des trois. Ce sera le moment où il introduira le nœud borroméen (cf. ci-dessus).

La dimension de l'Imaginaire, chez Lacan, va bien au-delà de son acception courante. Elle renvoie à la façon dont le sujet s'est constitué à partir de l'image de son semblable. C'est donc le registre du leurre, de la relation duelle, de l'agressivité, en un mot du moi au sens freudien du terme.

La dimension du Réel désigne, chez Lacan, ce que l'intervention du Symbolique – le fait que l'on parle – rend irréductiblement inaccessible au sujet. Le Réel n'est donc pas à confondre avec la réalité. Une porte, par exemple, peut ainsi être envisagée dans sa dimension symbolique (le mot porte), dans sa dimension imaginaire (le dessin de la porte) ou dans sa dimension réelle (la porte contre laquelle on se cogne). Les deux premiers registres désignent la réalité de la porte, le troisième son « réel », ce qui échappe à la réalité.

REFOULEMENT ORIGINAIRE : Freud a postulé, pour rendre compte des refoulements, l'existence d'un refoulement initial, d'un tout premier refoulement qui mettrait en place la potentialité de l'appareil psychique. C'était déjà une manière de parler de ce manque, de cette distance, impliqué par le fait de parler que Lacan a conceptualisé comme castration symbolique supportée par le Phallus (cf. Castration et Phallus).

SEMBLANT : La catégorie du Semblant, pour Lacan, ne renvoie pas au faux-semblant. Au contraire, le Semblant désigne ce qui organise la vie psychique au-delà de ce qui serait une apparence par opposition à une essence. Le Semblant est à mettre en relation avec la Vérité. Ainsi, du fait du manque et du décalage introduit par le langage, il n'est pas difficile de s'apercevoir que nous sommes toujours un peu divisés, jamais complètement assurés de ce que nous avançons, toujours un peu dans le Semblant – mais irréductiblement et donc sans aucune connotation péjorative. Telle est plutôt notre vérité d'humain.

SIGNE : À l'opposé du signifiant (cf. ci-dessous), le signe, c'est ce qui représente un sujet pour un autre sujet. Le signe, contrairement au signifiant, est tout à fait identifiable dans le monde animal.

SIGNIFIANT : Lacan a repris en le transformant le concept de signifiant introduit par le père de la linguistique, Ferdinand de Saussure. Pour ce dernier, le signifiant, l'image acoustique – par exemple le son « arbre » – constitue avec le signifié – le concept d'arbre – le signe linguistique, celui-ci renvoyant au référent, en l'occurrence à l'objet arbre. Pour Lacan, reprenant en cela la découverte freudienne de la psychanalyse comme expérience de parole, le langage est constitué d'éléments discontinus, les signifiants. Ceux-ci valent en tant que différents les uns des autres avant que de signifier quoi que ce soit – ce que l'on peut constater dans la façon dont les enfants jouent avec les mots – et ont dès lors d'abord comme fonction de représenter le sujet. D'où la formule de Lacan : « Le signifiant, c'est ce qui représente un sujet pour un autre signifiant. » Ainsi, la « prise » dans le langage, spécifique à l'humain, peut aussi s'entendre comme « prise » dans le signifiant et dans les lois qui l'organisent (discontinuité, renvoi incessant d'un signifiant à un autre, distance d'avec le référent, etc.).

STRUCTURE : Terme qui renvoie à un sens commun et à un sens plus spécifiquement psychanalytique. Pour le sens commun, parler de structure revient à dégager les relations latentes qui existent entre les objets que l'on étudie plutôt que leurs singularités. La structure, pour le psychanalyste, c'est ce que l'on retrouve de constant qui organise le sujet au travers de son histoire. C'est cette définition qui fait entendre qu'au travers des pathologies et des comportements il y a des structures, en l'occurrence : névrose, psychose et perversion. Plus spécifiquement encore, en psychanalyse, la structure renvoie principalement à ce qu'imposent les lois du langage au sujet qui parle. Pour le dire très brièvement, la structure, selon Lacan, est constituée par les quatre lettres : S barré, S1, S2 et a (voir ci-dessus Discours).

SURMOI : Instance psychique dont la fonction est de juger. Pour Freud, le surmoi est l'instance interdictrice, héritière du complexe d'Œdipe. Melanie Klein montrera la précocité du surmoi, qui n'attend pas nécessairement l'intervention du père pour être actif, et évoque ainsi l'existence d'un surmoi maternel. Lacan prolonge l'intuition kleinienne en s'appuyant sur sa référence au langage : le surmoi est pour lui constitué par les commandements intériorisés par le sujet et devient dès lors une instance qui prescrit la jouissance. Ce faisant, il faut le distinguer de l'Idéal du moi, l'instance psychique symbolique qui renvoie aux valeurs éthiques, qui plonge ses racines dans l'admiration de l'enfant pour des qualités qu'il attribuait à ses parents et qui engage le sujet dans la voie du perfectionnement.

SYMBOLIQUE : Voir Réel – Symbolique – Imaginaire.

TRANSFERT : Terme qui implique toujours l'idée de déplacement, de transport, qui n'est pas propre à la psychanalyse mais qui a été employé pour la première fois par Freud pour désigner ce qui constitue le ressort de la relation thérapeutique. Il s'agit du lien qui s'instaure de façon automatique entre le patient et son psychanalyste. Le transfert a d'abord été reconnu comme l'opération qui consiste à reporter sur le psychanalyste des affects, des sentiments, en un mot le type de relation qui a organisé la rencontre du sujet avec les premières figures – en général mère et père – qui ont déterminé sa subjectivité. Lacan a donné à ce concept une dimension structurale en le référant au « Sujet supposé savoir », autrement dit en repérant que le patient prête à l'analyste un savoir sur lui-même que précisément il cherche. En fait, il utilise comme un levier ce savoir qu'il prête à son analyste afin d'avoir accès à ce qu'il ignore de lui-même. On peut donc comprendre à quel point le transfert – cette supposition de savoir – est l'outil par excellence du travail analytique mais aussi un facteur de résistance dans la cure, car tant que le patient suppose que l'analyste sait, il attend que la réponse vienne de sa part. La résolution du transfert, au terme de la cure, suppose d'abord que le patient ait eu accès – toujours partiellement – à son savoir inconscient mais aussi qu'il assume la non-réponse de son analyste à son attente, non comme conséquence d'une défaillance ou d'une mauvaise volonté de sa part, mais comme le prix de son assujettissement au langage qui implique toujours la rencontre d'un manque irréductible.

Le concept de transfert, depuis son « invention » par Freud, a dépassé les frontières de la psychanalyse. Il désigne ainsi le ressort que peut trouver un sujet dans son lien affectif à un autre, et en particulier à une figure de maître (professeur, etc.). Par extension, il va même jusqu'à désigner le rapport qu'un sujet ou des sujets peuvent avoir au savoir. Ce qui permet de parler de transfert collectif.

VERLEUGNUNG : Procédé psychique – traduit en français par déni, désaveu ou encore démenti – repéré par Freud, tardivement dans son œuvre, comme organisant la perversion mais aussi comme présent chez tout enfant pour habituellement se résorber à l'état adulte. Octave Mannoni montre bien comment fonctionne la *Verleugnung* avec une formule éclairante : « Je sais bien... mais quand même... » (exemple : « Je sais bien que la mort est inéluctable... mais quand même... »). Autrement dit, il s'agit d'une manière d'à la fois reconnaître ce qui est et en même temps de ne pas le reconnaître. Il faut remarquer que, dans le contexte social actuel, ce procédé psychique semble prédominant là où, hier, c'était le refoulement que l'on rencontrait le plus souvent.

POSTFACE

La vie plus

Août 2004 – Dans le grand amphithéâtre de l'Université de Bogota où s'effectue la rentrée, les étudiants s'entassent, mêlés à des professeurs de disciplines diverses, pour écouter le psychanalyste français venu leur parler de « Ce qui fait autorité aujourd'hui ».

Le jeune et brillant professeur de psychologie qui le traduit de façon impeccable, Pio San Miguel, n'en croit pas, lui non plus, ses oreilles.

Car, d'après ce que raconte le Français, trois phases ont marqué notre rapport à l'autorité. Dans la première, aux origines, celle-ci se soutient d'une représentation animale : ainsi, le culte du totem est inscrit sur des merveilleuses céramiques précolombiennes et se manifeste dans le déguisement zoomorphe effrayant et menaçant des statuettes à forme humaine.

Dans la deuxième période – qui pour l'Amérique latine se trouve datée de façon précise : 1492 –l'autorité est supposée prendre une figuration humaine. Les agents du Dieu à visage humain qui débarquent alors des caravelles exerceront d'ailleurs une cruauté prédatrice qui frappera d'une telle stupeur les populations en prière devant leur totem, qu'elles ne s'en remettront pas. Sauf à retenir, pour les survivants qui seront éventuellement plus tard eux-mêmes au pouvoir, la leçon d'une forme unique d'économie, fondée sur le pillage de leurs propres richesses et l'exploitation sans retenue de leur peuple.

La troisième phase a commencé en Europe un jour de fête, marqué – le 9 novembre 1989 – par la chute du mur de Berlin. En même temps que lui s'effondrait, outre le communisme, la volonté collective de maîtriser les processus économiques : on proclama la mort des idéologies politiques.

L'influence sociale du modèle libéral est l'effet latéral d'une idéologie qui, elle, est productiviste et se nourrit de la certitude qu'un enrichissement global se fait au bénéfice de tous : c'est le modèle américain. Pourquoi s'attacher à répartir la pénurie quand l'abondance autorise une distribution spontanée satisfaisante? L'élévation rapide du niveau de vie dans les pays émergeants paraît à cet égard exemplaire. Le pouvoir politique sera jugé dès lors sur sa capacité à favoriser l'élévation du P.N.B., dans la dissimulation qu'ainsi il se soumet à un processus qui le domine. Au point de voir son expression démocratique subvertie quand il entend réparer les inégalités excessives engendrées. La crise économique peut ainsi opposer à la grève une force insurrectionnelle bien plus décisive.

La mutation essentielle opérée depuis Marx est qu'il ne s'agit plus d'un conflit entre deux classes, mais de la solidarité conflictuelle de groupes d'intérêts que le pouvoir politique cherche à piloter au mieux des avantages de l'ensemble. Dans un contexte où l'enrichissement individuel est supposé dépendre de celui de la collectivité, le sort des travailleurs paraît lié à la fortune de l'entreprise; et celle-ci en retour dépend du pouvoir d'achat des salariés (voyez Keynes).

Mais ce concours de volontés, dont l'opposition se règle ainsi sur la préservation de la solidarité, cache le fait majeur qu'il n'en est plus une seule pour être en position de commandement. Elles sont toutes également soumises

– même si c'est avec des bénéfices différents – à l'entretien d'un flux de production, échanges et consommation dont le seul élément matériel constant est l'objet. Il n'y a plus de pilote dans l'avion où nous sommes tous embarqués ; à sa place, dans le fauteuil – est-ce bien rassurant ? – l'objet.

C'est l'objet qui, après le Dieu à figure animale puis humaine, est advenu : c'est lui qui est investi de l'autorité dans notre actuelle troisième phase.

Certes la représentation peut en être diverse, mais il se reconnaît au caractère unique et identique de sa promesse – une jouissance accomplie et sans limite.

Au Dieu de la loi morale a succédé ainsi l'impératif du plus-de-jouir.

Cet objet régisseur n'est assurément pas celui du fantasme propre à chacun, mais le substitut qui lui est supposé équivalent, grâce à la propriété qu'il doit au génie technologique de pouvoir saturer à l'extrême les orifices du corps. Autrement dit, l'aliénation s'en trouve renouvelée de concerner non plus le Moi pris dans sa relation à l'Idéal, mais le « je » captif d'une jouissance, dont la modalité collective étouffe l'existence singulière.

L'un des sens de la globalisation est d'affirmer l'universalisation réussie de l'éthique née de la technologie, là où a échoué la morale de l'interdit propre au Père de tous, pourtant.

L'auditoire de l'amphithéâtre colombien montra par ses questions que mes propos lui avaient paru aussi limpides que l'air andin qui ce jour-là baignait la ville.

À Santiago du Chili, étape suivante, c'était l'hiver. Mais l'amitié m'a valu de dîner chez le président du Parti socialiste, successeur d'Allende. Il fallut à mon hôte forcer son humeur pour oublier l'échec qu'il venait de subir au Parlement où un gouvernement de centre gauche (P.S., Démo-chrétienne et Verts), pourtant majoritaire, avait refusé de taxer de 5 % les revenus tirés de l'extraction du cuivre. La représentation légale de ce pays indépendant se voyait encore empêchée, sans pression apparente toutefois, de se donner les moyens financiers d'un système de Sécurité sociale. L'obstructeur pouvait certes avoir un visage nord-américain. Mais la réalité est vraisemblablement plus complexe, si ce sont les cours mondiaux du métal et la rentabilité des capitaux investis qui décident de la viabilité d'une extraction.

Enfin, je passai à Rio de Janeiro, où l'on me confirma la déception causée par l'aspect limité des réformes que la « conjoncture économique » impose au premier président honnête et de gauche qu'a connu le Brésil.

Pendant plus de vingt ans j'avais vu mûrir l'espoir qu'entretenait Lula ; il s'était mué maintenant en un « réalisme » dépressif.

J'ai signalé plus haut les multiples facettes de l'objet, venu habiter aujourd'hui l'hôtel du Gouverneur. Il a pourtant un visage unique dans ce superbe pays qu'est la Colombie et l'auditoire de là-bas a, sans peine, énoncé son nom : la coca. Sa production et sa commercialisation sont la cause d'une guerre civile qui dure depuis soixante ans et se révèle réfractaire à toutes les initiatives politiques ou militaires. C'est l'exemple cru d'une autorité qui s'impose à l'économie comme aux esprits et qui règle la vie quotidienne sans offrir de prise à ceux qu'elle révolte. Du plus habile au plus courageux, ils n'y peuvent rien. Sauf à annuler la rentabilité exceptionnelle de ce produit dans un marché estimé annuellement à cinq cents milliards de dollars.

Il suffit à cette fin de dépénaliser son usage et de le rendre accessible à prix coûtant ; on pourra vérifier que la mesure n'aura que peu d'effet sur le nombre des usagers. Mais c'est l'ensemble du pays qui se trouvera affranchi d'une économie devenue par généralisation celle des hors-la-loi.

On s'étonnera que, dans les instances internationales, les Nord-Américains, supposés être les premiers à souffrir de la drogue colombienne, s'opposent à une telle mesure, malgré son évidence, conduisant à ce qu'on interroge sur la diversification de leurs placements.

La drogue est évidemment emblématique de cette *vie plus* que nous propose la mutation culturelle en cours et qui nous fait dépendre de nos propres productions. Mais on ne saurait prêter à celles-ci quelque amour ni la moindre préoccupation pour la créature qui s'y accroche.

Et qui sera le gardien de nos existences – on ne saurait les résumer à leur longévité – quand on sait le mépris que nous avons spontanément pour elles?

Charles Melman
Septembre 2004

DES MÊMES AUTEURS

De Charles Melman

NOUVELLES ÉTUDES SUR L'HYSTÉRIE, Éditions Denoël, Paris, 1984

LIVRE COMPAGNON DE RSI, séminaire 1981-1982, publication de l'Association freudienne internationale, Paris, 1990

NOUVELLES ÉTUDES SUR L'INCONSCIENT, séminaire 1984-1985, publication de l'Association freudienne internationale, Paris, 1990

CLINIQUE PSYCHANALYTIQUE, ARTICLES ET COMMUNICATIONS 1973-1990, publication de l'Association freudienne internationale, Paris, 1991

CLINIQUE PSYCHANALYTIQUE ET LIEN SOCIAL, Bibliothèque du Bulletin freudien, Association freudienne de Belgique, 2ᵉ édition, 1992

REFOULEMENT ET DÉTERMINISME DES NÉVROSES, séminaire 1989-1990, publication de l'Association freudienne internationale, Paris, 1992

LA NATURE DU SYMPTÔME, séminaire 1990-1991, publication de l'Association freudienne internationale, Paris, 1994

LES STRUCTURES LACANIENNES DES PSYCHOSES, séminaire 1983-1984, publication de l'Association freudienne internationale, Paris, 1995

QUESTIONS DE CLINIQUE PSYCHANALYTIQUE, séminaire 1985-1986, publication de l'Association freudienne internationale, Paris, 1997

LA NÉVROSE OBSESSIONNELLE, séminaires 1987-1988 et 1988-1989, publication de l'Association freudienne internationale, Paris, 1999

RETOUR À SCHREBER, séminaire 1994-1995, publication de l'Association freudienne internationale, Paris, 1999

De Jean-Pierre Lebrun

DE LA MALADIE MÉDICALE, Bruxelles, éd. De Boeck-Université, 1993

UN MONDE SANS LIMITE – ESSAI POUR UNE CLINIQUE PSYCHANALYTIQUE DU SOCIAL, Ramonville Saint-Agne, Érès, 1997

IL DONC – CONVERSATIONS AVEC JEAN OURY, en collaboration avec Pierre Babin, Paris, collection 10/18, 1978; réédité aux éditions Matrice en 1998

MONIQUE, Bruxelles, éd. Jacques Antoine, collection Le Vice impuni, 1987, réédité sous le titre *Rien n'est plus secret qu'une existence féminine,* Ramonville Sainte-Agne, Érès, 2001

LES DÉSARROIS NOUVEAUX DU SUJET, Ramonville Sainte-Agne, Érès, 2001

Impression CPI Bussière
à Saint-Amand (Cher), le 2 juin 2009.
Dépôt légal : juin 2009.
1er dépôt légal dans la collection : mars 2005.
Numéro d'imprimeur : 091638/1.
ISBN 978-2-07-030678-7./Imprimé en France.

157784